一代
林徽因

詩人×畫家×教授×建築師

林徽因以筆繪製夢想
以才成就人生

趙一 ◎ 著

愛情聚散皆由心，文情濃淡總相宜
美貌與才華並具，溫婉與堅毅並行
一身詩意千尋瀑，萬古人間四月天

**在煙雨江南與亂世動盪中
她以智慧點亮屬於自己的璀璨人生**

目錄

序言

煙雨如夢,心似蓮花

  早慧的她 …………………………………………014

  與書香結緣 ………………………………………017

  一生解不開的心結 ………………………………019

  用大人的目光看世界 ……………………………023

  命運的軌跡 ………………………………………025

  永恆籠罩倫敦的薄霧 ……………………………030

  康橋煙雨 —— 不貪戀 ……………………………034

  離開,是一個人的抉擇 …………………………037

  剎那驚鴻,命運的安排恰到好處 ………………040

  病榻相伴,生死不棄 ……………………………043

  蒼松竹梅的情誼圖卷 ……………………………046

  康大與傷情 ………………………………………048

目錄

最美好的時光 …………………………………… 053

寧守孤寂之舟，獨自拉縴 ……………………… 057

用一生答覆歲月

最美愛情 ………………………………………… 062

用一生答覆 ……………………………………… 064

新婚之旅 ………………………………………… 066

築夢東大 ………………………………………… 071

初次畢業設計 …………………………………… 074

真正的平靜 ……………………………………… 078

優雅與智慧並存 ………………………………… 082

悄然綻放的人間四月 …………………………… 085

再見志摩 ………………………………………… 087

「八寶箱」事件 ………………………………… 091

與冰心的分歧 …………………………………… 094

追尋夢想，篤定內心 …………………………… 098

為理想獨行 ……………………………………… 101

對話寧公遇 ……………………………………… 105

執筆留史 ………………………………………… 108

靜謐中堅強

  硤石之痛 …………………………………… 114

  無言的平和與靜美 ………………………… 117

  隱匿的心事 ………………………………… 121

  如水的力量 ………………………………… 123

  溫柔並非妥協 ……………………………… 126

  哭三弟恆，難捨摯愛 ……………………… 129

  異國情誼深厚 ……………………………… 134

  觸動人心最深處的暖 ……………………… 137

  世外桃源 …………………………………… 141

  倔強如木棉 ………………………………… 144

  飛向天堂的戰機 …………………………… 149

  亂世中的清明之光 ………………………… 152

人間四月，以生命書寫輝煌

  會好起來的 ………………………………… 157

  春城之美 …………………………………… 162

  清華建築系的誕生 ………………………… 165

  病中堅強，生命的力量 …………………… 168

  拯救景泰藍 ………………………………… 171

目錄

保衛古城 …………………………………… 173

文學精神領袖 ……………………………… 175

生命的樂章 ………………………………… 179

柔軟而寧靜的天地 ………………………… 184

萬古人間四月天 —— 永恆的徽因 ………… 187

附錄一　林徽因詩歌選

情願 ………………………………………… 194

激昂 ………………………………………… 195

展緩 ………………………………………… 196

那一晚 ……………………………………… 197

一首桃花 …………………………………… 198

山中一個夏夜 ……………………………… 199

深夜裡聽到樂聲 …………………………… 200

誰愛這不息的變幻 ………………………… 201

你是人間的四月天 ………………………… 202

附錄二　林徽因散文選

唯其是脆嫩 ………………………………… 212

山西通信 …………………………………… 215

窗子以外 …………………………………………218

紀念志摩去世四週年 ……………………………227

蛛絲和梅花 ………………………………………234

彼此 ………………………………………………238

一片陽光 …………………………………………243

目錄

序言

　　她，出身於歷史上的名門世家，擁有令人豔羨的天生麗質；她，身逢風雲激盪的年代，卻不乏從容淡雅的別樣氣質；她，飽含絕代浪漫絕代痴的佳人情愫，一生被眾多的愛慕者環拱；她，散發著說不盡的嬌柔旖旎，而當你細看時，又會發現那清秀的眉宇間其實還透著一股倔強的英秀之氣。

　　她，從年少的歲月起，便表現出令人驚訝的聰敏才思，似乎對於神奇的大自然的一切，都有著不倦的好奇心，還有那敏銳的洞察力。而她身上所透出的迷人的親和力與優雅的氣質，令當時與她一起長大的堂姐妹們，在幾十年之後，仍能夠細緻入微地描繪出她當年的衣著打扮、舉止言談是如何地令她們傾倒。

　　在風華正茂的年歲裡，愛慕她的才俊比比皆是，而且都是那樣的迷戀、那樣的真誠、那樣的痴情，甚至有人為這虔誠的愛慕，而終身不娶。而這一切的發生，只因她恬靜的容貌，因她高雅的氣質，因她奇特的才思。

　　她是家庭聚會中眾人矚目的焦點，她的客廳裡從來就不乏俊秀的才子，她的一言一行令人著迷。座上客忘我地聽她品評

序言

　　藝術，聽她娓娓地描繪、說理，融會中西。不只是家庭聚會，似乎在一切她所出現的場所，都飄散著「高貴的單純和靜穆的偉大」的獨特氣息。她是具有傑出的審美能力的藝術家，又是丈夫事業道路上的完美伴侶；她經歷過如煙花綻放的童話般的青春，也經歷過病臥孤村落寞羈旅的遲暮；她在繁華熱鬧的城市中是眾多男人仰視的奇異女子，而在窮鄉僻壤中又是那樣耐得住學術清冷寂寞的平凡匠師。

　　古人說「女子無才便是德」，她卻擺脫了那個時代女性的平庸和謙卑，兼具美貌與才情，風華無盡。她是詩人、是畫家、是教授、是建築師，亦是一個賢淑的妻子、溫柔的母親。她是民國才女中，最不肯屈服於命運、最會選擇命運的女子。

　　她是真的聰明。無論愛情還是事業，她每一步都走得熱烈、璀璨而又令人望塵莫及。從「太太的客廳」裡的優雅睿智，到與丈夫梁思成一同守望清貧，再到疾病纏身也執意不肯放棄事業，她每一次的華麗轉身都波瀾不驚，卻又美到絕塵。那是一種從骨子裡流露出的高貴。

　　她的文字，充滿知性和靈性，兼具溫婉含蓄與冷峻自信的獨特風格，煥發著剛柔並濟的光彩。文如其人，折射著那個時代的文化風尚，她的精神世界異常芬芳，深受人們喜愛。

　　女人的詩情和浪漫、倔強與篤定，她表現得淋漓盡致，卻又絲毫不顯鋒利。她就像流水，靈活柔軟地避開了世間的利

刃，卻甘願只做一位在幕後偷看臺前的人，凡事清醒而獨立。這大概也是為什麼世人眼中的陸小曼終究會輸給她吧。那離經叛道的至情至性竟也敵不過她的一身素雅沉靜。

聚散由心，濃淡相宜。她在每個人的心底，種下了柔情與詩意，以璀璨沉靜的姿態，裝點著我們的想像和夢境。

這位驚世絕豔的民國才女，已占盡人間春色。

在她已經離世多年之後，一位曾經愛慕她終生的八十多歲的老人，面對別人拿來的一張他從未見過的她的照片時，竟然還會凝視良久，微微顫動著喉嚨，像有千言萬語哽在喉嚨裡。許久，他才抬起頭，像小孩求情似的對別人說：「給我吧！」他當年曾在她的追悼會上，送上一副特殊的輓聯：

「一身詩意千尋瀑，萬古人間四月天。」

在 1930 年代，她「一代才女」的美譽就已經傳遍大江南北。而在她的身後，這一稱讚絲毫沒有從歷史淡出，銷聲匿跡，她的故事反而隨著歲月的流逝顯得愈加傳奇。

是的，她就是連胡適也稱道的一代才女 —— 林徽因。美國著名學者費正清（John King Fairbank）曾這樣形容她：「林徽因就像一團帶電的雲，挾著空氣中的電流，放射著耀眼的火花。」

如果你只是從別人口中聽說她，無非是一個才女名號；但是，如果你真正走近她，了解她的生活、她的思想、她的文字，便會看到她在安靜中不慌不忙的堅強意志，體會到她在塵

序言

世的喧囂中寂靜安然的心態，以及她的處世智慧和交際魅力。

沒有哪一種命運是更好的命運，每個人都有自己要面對的各種問題。面對這些問題，如何才能更加堅定和從容？唯有不斷提高自身的素養和修養。

在這個充滿荊棘的世界，只有內心強大的女子才能笑到最後。學習林徽因，內外兼修，成為自己心中的女王。

煙雨如夢，心似蓮花

人間四月，姹紫嫣紅。

唯有她，清貴高潔，素淡如蓮。

讀林徽因，當從《詩經・大雅・思齊》起。「徽因」二字，本作「徽音」，取自當中那句「大姒嗣徽音，則百斯男」，「大姒」乃周文王賢德之妃，「徽」是美，「徽音」即是美譽之音。以「徽音」立名，意蘊清簡，慧心可待，定是人如其名。

之後，為避免與當時一名寫詩的男性作家林微音混淆，遂改名「林徽因」。

她生於亂世，卻清醒自持；長於繁華，卻靈透沉靜。紛亂的情緣、顛沛的人生，彷彿只是一抹底色，永遠無法妨礙她擁有一段絢爛的生命。就好像一杯香茗，被時光慢慢浸潤成清透的綠，清雅醇郁，讓人極愛無言。

這樣的女子，注定籠罩著一個神祕的光環，讓人不敢輕觸。讀林徽因的一生，實在是件美好的事。在那個香豔迷醉的民國，她就像一朵孤清的蓮花，開出了靜美，豐盈絕塵。那被時光遺落的歡顏，已幻化成一團柔情，從江南煙雨中裊裊升起。

煙雨如夢，心似蓮花

早慧的她

　　每一座城，都有自己的故事。而她的故事，則讓一座古韻天然的城，風情萬種，靈動鮮活。彷彿一朵靜美的蓮花，耗盡生命裡所有的深情，只為等待一個人，細細聆聽，她的心事。

如果我的心是一朵蓮花，
正中擎出一枝點亮的蠟，
熒熒雖則單是那一剪光，
我也要它驕傲的捧出輝煌。
不怕它只是我個人的蓮燈，
照不見前後崎嶇的人生——
浮沉它依附著人海的浪濤
明暗自成了它內心的祕奧。
單是那光一閃花一朵——
像一葉輕舸駛出了江河——
宛轉它飄隨命運的波湧
等候那陣陣風向遠處推送。
算做一次過客在宇宙裡，
認識這玲瓏的生從容的死，
這飄忽的途程也就是個——
也就是個美麗美麗的夢。

早慧的她

　　她就是林徽因。這首〈蓮燈〉是表達她對生命的倔強。

　　有人說她的美風華絕代，有人讚她的氣質清雅自持，她三歲時手扶籐椅的模樣讓人莫名地喜愛，一個小小的女孩子站在庭院中，背靠一張老式籐椅，清澈的眼睛注視著前方。那老宅已有百年歷史，那籐椅亦默默守候了很多人的歡笑和淚珠。唯有那個女孩尚不黯世事，看不出個性，看不見未來，卻給人留下無限暢想，暢想那光陰，該如何惠贈那個女孩，亦不知那遙遠處會有怎樣的期待和遭遇。

　　1904 年 6 月 10 日杭州。陸官巷古樓安詳，一如往日，空氣中飄散著梔子花的清淡香氣。林宅的主人──太守林孝恂的長子，二十八歲的林長民此時並不在家中。他正與一群志同道合的朋友們為自己的理想奔忙著，和熱血沸騰的政商名士來往，用筆桿為他們的思想搖旗吶喊。他整日忙碌，極少過問家中事，甚至包括自己待產的太太。

　　忽然，一聲嬰兒清亮的啼哭打破了這座巍巍官宅燥熱的寧靜。這一聲啼哭在太守和妻子游氏聽來猶如天籟──林孝恂的長孫女，長民的長女出生了。

　　她是林家的第一個孩子，聰慧乖巧，被長輩視為掌上明珠。她也是妾室的女兒，與父親聚少離多，守著幽怨的母親。林徽因的母親何氏並不得寵，在父親娶了第三房太太程氏之後，母親與父親的關係更加疏離。

人生就是這樣，不能事事完滿。看似幸福寧靜的生活，也隱藏著苦澀的暗湧，就好像花容月貌，終將敵不過春恨秋悲的無人欣賞，必將獨自凋零。

人們都說，每個內心強大的女人都經歷過一段能讓自己大徹大悟的感情。對林徽因而言，父母間沒有感情的婚姻，則開啟了她早慧的心智。面對家庭裡層層疊疊的暗湧，她唯一的應對方法就是閱讀，在那些清朗明媚的文字裡，尋得自己的一方天地。

有人說，林徽因善良、聰慧，能設身處地為對方著想，從不會嘲笑他人。也有人說，她理智得有些冰冷無情，從不會沉溺在某種情緒中。而我以為，這樣的個性，與她陰暗的童年經歷息息相關。

她的心被秋月春風的情懷滋養，被詩酒年華的故事填滿。她的心事，柔情而婉轉。

天色漸沉，空氣裡古舊的溼氣迎面襲來，青石板上苔痕依舊，烏篷船裡燈火稀稀，搖櫓聲從遠處傳來，讓人彷彿置身夢境。也許，在那煙雨瀟瀟的民國，也有一個女子，將內心的愁怨凝結於此，不可碰之，不可憐之，只願船槳劃開內心的波紋，讓它沉入雲水間，漸行漸遠。

與書香結緣

　　人的個性多為天生俱來，有些人生來即是安靜，有些人生來就易躁動不安。但後天的環境亦尤為重要，倘若一個沉靜之人被放逐於喧囂市井，難免不為浮華所動搖。而將一個浮躁之人擱置於廟宇山林，亦可稍許淨化。我們都在潛移默化的時光中改變著自己，熟悉又陌生，陌生又熟悉。

　　1909年，五歲的林徽因隨家人搬遷至蔡官巷的一處宅院，在這裡住了三年。時光雖短，但是，卻替一代才女風華絕代的人生奠定了不可動搖的根基。徽因的大姑姑林澤民成為她的啟蒙老師。林澤民是清代末年的大家閨秀，從小接受私塾教育，琴棋書畫樣樣精通，詩詞歌賦也不落人後。就是這位知書達理、溫文爾雅的大姑姑教會了徽因讀書識字。

　　最重要的是，林徽因由於林澤民的啟蒙，愛上了書香。

　　撥開時光的霧靄，我們彷彿可以看到幼小的徽因手捧一冊冊書本，在月上柳梢頭的夜晚，在暮色低垂的黃昏，在旭日初升的清晨安靜而沉醉地閱讀著，用小小的心體會著。也許那時的她還不能完全明白其中美好的意象，也讀不懂詩意的情懷，讀不懂故事中的人情冷暖，但她從此愛上了讀書。那些早早就映入腦海的或瑰麗或清淡的文字，在她成年後，幻化成一樹一樹的花開、幻化成憂鬱的秋天、幻化成少女的巧笑倩兮和不息的變幻，成為現代文學的星空中最特別的那一顆星星。

但是，林徽因的童年並非單純愉快，她的家庭注定了她不能用符合這個年紀的言行與大人們交流。母親何雪媛由於得不到丈夫的寵愛和家族的肯定，產生出怨懟之心。那時候她跟母親住在後院，每次高高興興從前院回來，何雪媛就會無休止地數落女兒。從那時候起，徽因的內心深處就交織著對父母又愛又怨的矛盾感情。她愛儒雅清俊、才華橫溢的父親，卻又怪他對母親冷淡無情；她也愛著給她溫暖和愛的母親，又不滿她總在怨懟中把父親推得更遠。

年紀小小的徽因背上了成年人強加的沉重包袱。她既要在祖父母、父親面前當聰明伶俐的「天才少女」，又得在母親面前做個讓她滿意的乖順的女兒。多年以後，林徽因寫了一篇叫做《繡繡》的小說，說的是一個乖巧的女孩子繡繡生活在一個不幸的家庭，母親性格懦弱、心胸狹隘又無能，父親冷落妻子，又娶了二太太。繡繡整日夾在父母的爭執中徬徨不安，最終因病死去了。繡繡還未成熟的心靈裡深藏著對父母愛恨交織的情緒、愛莫能助的無奈。這一切又何嘗不是林徽因童年生活的寫照呢？

徽因七歲時，祖母游氏去世。一直對婆婆懷有複雜感情的何雪媛在葬禮上失聲痛哭。這個女人是她的「敵人」，也是她的偶像。恨、忌妒、崇拜、感激（何雪媛結婚後多年未生育，游氏告誡兒子潔身自愛不要急著再納妾）在她被抱怨占據的內心交織。現在，已成為林家女主人的何雪媛原諒了這個她又愛又恨的「仇敵」。她變得平靜很多，就算是抱怨也能做到心平氣和，不像以

前那樣喜怒無常。

也許，徽因的父親並非薄情之人，只是，他與妻子並無任何愛的交集。就如同大多數封建時代的婚姻，枕邊人未必就是心中所愛的那一個，卻仍然要努力維持這段關係，將就著走下去。彼此厭倦並非罪不可赦，只可惜天意弄人，平白造出這麼多痴男怨女，不盡如人意。

人生大半輩子與肺病抗爭，嘗盡人間冷暖的林徽因也清楚地了解這些吧。她生命中有據可查的感情，哪怕是和梁思成如神仙眷侶，哪一段是真正意義上的圓滿呢？哪能沒有絲毫遺憾呢？就算風華絕代，也不過是個食人間煙火的平凡女人，也曾有過憎恨和踟躕，只不過她終究做到了收放自如，並懂得如何取捨罷了。

一生解不開的心結

妾，又稱姨太、偏房，主要指一夫多妻制中，地位低於正妻的女性配偶。

這絕對不是一個好詞。

可能很少有人知道，一代才女林徽因便是妾的女兒。

她是林家的長女，得寵，但是那寵，林家人吝於分給她的母親。林徽因的生母，這位脾氣喜怒無常、常常傷害尚且年幼

的女兒的怨妾,也許並不知道,她的存在是如何影響了女兒一生對愛情的抉擇。

好日子就像薄薄的第一場冬雪,還沒等人把美景看個究竟就消失得無蹤跡了。徽因八歲時,林長民娶了二太太程桂林。作為實際上的大太太(注:林長民的原配葉氏已經過世)的何雪媛,是最後一個知道先生要納妾的。林長民向老太爺稟告後,得到了默許。林太守已是垂暮的夕陽,實在沒有心力來操心三十六歲大兒子的第三椿婚事了。

何雪媛聽到這個消息後很平靜,她知道該來的總會來的,丈夫終究是熬不住了。那個時代三妻四妾的男人多得是,甚至有一些女人為了取悅丈夫,遇到納妾的事比丈夫本人還積極。但是何雪媛做不到。她雖不是什麼大戶人家的千金,卻也是家中老小嬌寵愛護的對象。和別的女人分享丈夫,對她來說,是沒辦法接受的事情。

何雪媛對於二太太很是好奇。她到底是個怎樣的女性呢?一定很美麗吧?是個清麗的女學生?還是一個風情萬種的交際花?她也會像林家人一樣吟詩作對嗎?會說外文,看的懂外文嗎?她會怎麼看待我這位大太太呢?

程桂林在何雪媛忐忑不安的期待中終於來了。何雪媛看她一眼就大失所望。她不年輕,不美麗,身高不高,勉強稱得上嬌小玲瓏。而且聽八卦的三姑六婆說,二太太也是個目不識丁

的俗氣女人。何雪媛總算鬆了一口氣，看來這不是個值得防備的競爭對手。況且，程桂林對她還算友善，她也挑不出什麼問題，於是同樣親切相待。但是何雪媛很快就對二太太親切不起來了。她原本以為依照林長民的個性，對程桂林八成也是不冷不熱，沒想到這個大字不識的女人把丈夫牢牢地綁走了。林長民每次歸來，就直奔程桂林的房間；離開家的時候，最多只是冷淡地和大太太打個招呼。這簡直太不公平了！

其實，林長民寵愛程桂林也是有原因的。程桂林雖然沒有內涵，但勝在識得眉眼高低，說話輕言細語，不像何雪媛那樣，總是說不中聽的話。她從來不會發脾氣，最多嗲著嗓子對著老爺叫：「宗孟——你到底要怎麼樣嘛！」聽得何雪媛的雞皮疙瘩掉滿地。不過沒關係，對於宗孟可是很管用。

林長民被嗲聲嗲氣的程桂林哄得高興，帶著她到處玩樂、出差、出席朋友的聚會，還為她新取了一個名號「桂林一枝室主」。

何雪媛被氣得頭昏腦脹，但是二太太對大太太的怒氣好像什麼感覺都沒有一樣，照樣溫言軟語跟她搭話。何雪媛沒辦法，只好另找途徑發洩。貓呀狗呀，連僕人們都遭了殃。林長民偶爾來一趟也不得倖免，最後乾脆眼不見為淨了。

後來，程桂林像示威似的，接二連三地生下四兒一女。比起前院的和樂融融，何雪媛的後院徹底成了「冷宮」。何雪媛知

道，自己一輩子只能是林長民的妾了。她永遠不能堂堂正正地做他的林太太。

以前，他不願意，是她自己脾氣倔強，不討人喜歡；現在，他更不會願意了，她要是扶了正，程桂林往哪擺呢？他可不願意這麼做。因為二太太的到來和得寵，何雪媛對「妻子」的名分徹底死心了。這個名分是何雪媛和女兒林徽因一輩子的心結，一輩子的痛楚。多年後林徽因拒絕徐志摩的追求，有人說最大的原因就是徐志摩當時已與張幼儀結婚，林徽因若是與他在一起，必定是「小」；甚至徐志摩最終頂著壓力離了婚，她也不肯回頭，而是選擇了梁啟超的大公子。

林徽因的兒子梁從誡是這麼理解他的母親的：

她愛父親，卻恨他對自己母親的無情；她愛自己的母親，卻又恨她不爭氣；她以長姊真摯的感情，愛著幾個異母的弟妹，然而，那個半封建的家庭中扭曲了的人際關係卻在精神上深深地傷她。

——《倏忽人間四月天》

多年後，林徽因又一次被推到一個漩渦的中心，始作俑者是三個愛她的男人。也正是這幾段感情讓她遭到非議。天意？人意？紅顏已逝，誰說得清楚呢！

用大人的目光看世界

　　他是林徽因生命中最重要的男人。

　　她是他血脈的延續，期望的寄託。他對她的愛是那樣複雜，又那樣沉重。

　　她是那個畸形的家庭中唯一能與他交流的人，不經意間，他把不應該讓她背負的重擔交予了她。

　　她一生的繁華和努力隱藏的酸楚，都與這個男人息息相關。雖然林長民在家的時間極少，但他仍不失為一個好父親。他心性開朗，特別喜歡跟孩子們相處。在他這裡，不分前院後院，所有的孩子都是他的心肝寶貝。別說是自家孩子，就是孩子姑姑家的表姐表弟們，也少不了這位舅舅的寵愛。大姑姑對待徽因兩姐妹，也和對待自己的孩子無異。

　　林徽因十歲時，祖父也去世了。父親常年在外，大太太什麼都放手不管，二太太弱不禁風，和父親書信往來、伺候兩位太太、照顧年紀尚幼的弟妹，甚至打點搬家的行李，家中大事小事，竟然都是這個十歲出頭的大小姐一力承擔。俗話說，窮人的孩子早當家，出身名門的徽因，居然也早早地當起家來了。

　　林長民愛那一大群孩子，但最愛的還是長女林徽因。

　　她天資聰敏，年紀雖小就在父親和大姑姑的啟蒙下讀書、識字，並開始為祖父代筆寫家書給父親。七歲那年，林長民在給女兒的回信中，如此寫道：

徽兒：

　　知悉得汝兩信，我心甚喜。兒讀書進益，又馴良，知道理，我尤愛汝。聞娘娘往嘉興，現已歸否？趾趾聞甚可愛，尚有鬧癖（脾）氣否？望告我。祖父日來安好否？汝要好好討老人歡喜。茲寄甜真酥糕一筒賞汝。我本期不及作長書，汝可稟告祖父母，我都安好。

父　長民　三月廿日

　　在父親眼中，林徽因不僅聰慧，而且「馴良」、「知道理」，早早體會大家庭的人情世故。或許在成人看來，家裡有這樣的孩子實在難得，可是，對於只有七歲的小女孩來說，這樣的家庭環境是否有些殘酷？原本應該和玩伴們肆無忌憚爭搶糖果玩具的年紀，卻因為長輩有意無意的施壓，學會了察言觀色，學會了在大人們的紛爭之間做出權衡，努力用成年人的眼光看世界。

　　林徽因把家裡打理得井然有序，心無芥蒂地愛護著異母的弟妹，對二太太尊重有加，長輩眼中她是林家的長孫女，天資過人，溫良有禮。這一切，都讓林長民備感欣慰。而從另一方面理解這份父女之情，就可知林徽因的文化修養也占了重要的部分。在那個兩個太太都是文盲的家裡，林長民滿腹的才情和濟世救國的抱負，對她們來說猶如天書。唯有這個從小跟隨父親和姑姑學習詩書禮儀的女兒，能理解他、懂他，所以，林徽因成了父親在這個半舊半新的家庭中唯一的同類、知己。

不得不說，父親對林徽因的影響很大，他「清奇的相貌」、「清奇的談吐」以及出眾的才學，都傳承到女兒身上了。但是在林徽因心裡，她對父親的情感交織著怨與愛。她怨他對自己的母親不予理睬，冷漠無情，卻又對他的超群才華欽佩不已。在這樣一個有點畸形的家庭環境中成長，林徽因的性格就像一株北方的植物，生怕錯過短暫奢侈的幸福，所以拚命的生長，讓枝葉無限地靠近溫暖的陽光。

父親對長女殷切的寄託，不經意間奪走了林徽因的童年和天真。她幾乎沒有真正實質上的童年時光，而是將澎湃的感情壓抑於理性之下，這直接影響了她後來的人生選擇。這是林徽因和同代女性的最大區別。

命運的軌跡

我們各自帶著使命降臨人間，無論多麼平凡渺小、多麼微不足道，總會有一處角落將他擱置，亦會有一個人需要他的存在。

心淨國土淨，若能懂得隨遇而安，任何的遷徙都不會成為困擾，更不至於改變生活的初衷。每個人都在漫漫人生路努力找尋著適合自己的方向，不至於太過曲折，不至於在轉彎處過於徬徨。

林徽因是歷經時光雕琢的女子，如一道濃郁的沉香，裊裊升騰，芬芳如醉。不管遺失了多少童年的天真，時間的沙漏仍然

靜靜地滲著，蔡官巷和西湖漸行漸遠。林徽因懵懵懂懂地撞進了她的少女時代。

既是擔當得起風華絕代，那麼林徽因一定不會滿足於小情小夢，守著一世清淨了卻此生。許多年前她就與江南告別，從此接受了遷徙的命運。這種遷徙並非僅僅是顛沛流離，更是順應時代，自我放逐。本是追夢年齡，又怎可過於安靜，枉自蹉跎時光？

八歲時，林徽因一家離開杭州來到上海。十歲時，又舉家遷往北京。在一次次離別中，她帶走了江南水鄉的靈秀，帶走了小巷裡梔子花的清雅，還有西湖水面一縷迷濛的薄煙。此時的她，還不懂相忘於江湖，不懂遷徙意味著時光的訣別，不能領會何為風華絕代，卻在舉手投足之間將大家閨秀的風采展露無遺。

在一張林徽因中學時在教會女子學校上學的照片裡，一同入讀的姐妹四人出落得亭亭玉立，氣質不凡，徽因更甚。她已經不是幾年前那個和姐妹們嬉笑打鬧的小女孩了，曾經在姐姐膝下撒嬌的小妹妹已安睡在另一個世界。這幾年，無論世事還是家中，都發生了很大的變化，於林徽因而言，她需要承擔起更多的責任。或許正是因為這樣，那雙秀麗的眼眸蒙上了一層抹不去的憂鬱。

從氤氳的江南水鄉來到這座尊貴的皇城，初曉人事的林徽因感到一種與歷史相連的滄桑和沉重。自己彷彿是一粒微小

的塵埃，沒有人會注意到她的存在。雖然敏感多愁，但是她也十分堅強，將自己和家都打理得乾淨漂亮。其實，在林徽因心中，自從祖父離世後，家已經變了，不再是往日安寧的歸宿，而是一個需要時時小心的戰場。在徽因十歲時去世的祖父，感受不到何雪媛和程桂林之間的波濤暗湧，但夾在中間的林徽因卻再明瞭不過了。唯一能讓她得到放鬆休憩的就是讀書。這是屬於她的世外桃源，在這個世界裡，她可以暫時忘記那些沒有煙硝的你爭我奪，放下林家長女的身分，只做單純的林徽因。

愛讀書，容貌美麗又有才華，林徽因自然博得了老師和同學的好感。他們對她的喜愛是單純的，僅僅因為她的優秀和可人。如果當年也有校花一說，林徽因當之無愧。她在學校裡如魚得水，與同學相處融洽，和表姐妹們嘰嘰喳喳地笑鬧著。成年之後林徽因在朋友圈裡是個公認愛說話喜辯論的人，好像她要把在「家」中壓抑的情感通通釋放出來一樣。

兩個女人的戰爭讓林徽因敏感的心靈纏上了剪不斷理還亂的藤蔓，有時幾乎令她透不過氣來。幸好，還有書、陽光明媚的學校、知識淵博的老師和單純的同學們。這些夾縫中的陽光慢慢塑造了林徽因的個性，充實著她的認知。

詩詞歌賦、歷史典故這些舊學在林徽因的教育啟蒙階段就已經紮穩了根基，也是她事業的基點之一。教會學校的教學是現在流行的雙語教學，這帶給了林徽因一種全新的體驗。另一扇門向她敞開了：自然科學和歷史地理拓寬了她的知識面；音樂

美術課程陶冶了她的藝術情操,對美的敏銳觸覺融入了日後她對建築的獨到見解中;最重要的是英語的學習,讓她進入了一個全然不同的文化世界,並不知疲倦地在其中徜徉了一生。

1917年,林長民卸任職務,後又就與湯化龍、藍公武去了日本遊玩。林徽因在家感到寂寞無趣,還想著要給父親一個驚喜,便翻出家中收藏的諸多字畫,一件一件地整理分類,編成收藏目錄。待到林長民歸來,徽因興致勃勃地將目錄拿給他看,滿懷期望能得到嘉許。但是林長民仔細閱讀後指出了很多紕漏,讓徽因情緒低落了好一陣子。她在父親寫給自己的家書上批注道:

「徽自信能擔任編字畫目錄,及爹爹歸取閱,以為不適用,頗暗慚。」林徽因就像一株新鮮的梔子花,為這座滄桑大氣的北方城市增添了詩意與柔情。梔子花清雅的香氣徐徐飄散,美麗卻不自知。很快,這株充滿生機的植物,將帶著滿腹的才情與夢想,去往另一番天地,並在那裡完成又一次的人生洗禮。

1920年,林長民將赴歐洲考察西方憲制,並在英國講學。此行,他決定攜徽因同往。這次遠行主要的目的是增長見識,接受更先進的教育和文化薰陶,其次是避開讓人身心俱疲的瑣碎家庭紛爭。林徽因跟著父親旅居國外一年多,這正是華人文化最傳統的教育方式之一——遊學。

我此次遠遊攜汝同行,第一要汝多觀察諸國事務增長見識。第二要汝近我身邊能領悟我的胸次懷抱。第三要汝暫時離

去家庭煩瑣生活，俾得擴大眼光，養成將來改良社會的見解與能力。

這是林長民在致林徽因的家書裡所寫，他對這個乖巧聰穎的女孩寄予了厚望。

在那個誕生了無數傳奇的年代，飄洋過海是一種時尚。十六歲的青春，將在倫敦的輕霧中綻放。當乘上遠航的船，面對煙波浩渺的蒼茫大海，林徽因第一次深刻地明白，自己不過是一朵微弱的浪花。這次遠行讓林徽因踏上了人生的新旅程，也意味著告別青澀的少女時代。她將看到與以往完全不同的新事物、新景緻、新思想展現在自己面前。對一個行將成長成熟的女孩子來說這新奇將帶給她鮮活、神奇的美麗。

雖然生於江南水鄉，但海天一色、碧波萬頃的風光仍然帶給林徽因雀躍的欣喜。海鷗舒展雙翼在船頭盤旋著鳴叫，帶著海水腥味的風吹起少女的長髮和紗巾，朝陽落日把碧空燒出血來，又潑灑在海面上，那是大自然鋪展開的最壯美的油畫。眼前的一切讓這個從東方來的女孩沉醉了，一時間，她彷彿身處小時候才能見到的仙境裡，喜悅卻又惶恐。

所謂詩酒趁年華，青春不揮霍也會過去，何必將自己長久地困於籠中？世間百態必要親自品嘗，世間美景也必要親身置於其中，方能領略生命之珍貴。而漫漫長路，唯有親自丈量，才能知曉它的距離。每個人從擁有這份生命開始，若可揚帆天涯，萬

萬不要迴避。一旦融入茫茫滄海，亦無須渴求回頭。

這興許就是人生的機遇吧，有些人喜歡在屬於自己的狹小世界裡守著簡單的安穩，不驚不擾；有些人則情願一生奔忙，努力尋找著適合自己的方向。林徽因正是後者，自告別江南的那天起，她就接受了命運的遷徙。

雖然林徽因自小接受英文教育，但一下子置身於全英文的陌生環境，還是有些不適應。尤其是父親去歐洲開會的日子，十六歲的少女不得不獨自捱過，想辦法打發從早到晚的孤單。也就是在這段日子，林徽因閱讀了大量書籍，名家的小說、詩歌、戲劇她都一一涉獵。在倫敦時，林徽因也經常以女主人的身分加入父親的各種應酬，因此與眾多文化名流有過接觸。這為她後來的文學創作奠定了深厚的基礎。她有過遊學經歷，又得著名學者點撥，因此她在文壇上的起點高於同時代許多女作家。倘若沒有那次飄洋過海的經歷，林徽因的生命軌跡大概會走入另一個方向。但無論怎樣，以她的聰慧都能把握得很好。那時的她雖然還未想過風雲不盡，卻已經開始在自己的腦海中築就夢想。

永恆籠罩倫敦的薄霧

有人說，愛一座城市，愛的其實是這座城市裡的某一個人。所以，在傾心一座城市之前，請先在這裡談一場戀愛，如此，

永恆籠罩倫敦的薄霧

便可把心安然無悔地留在這裡。愛的人不走，你的心，就永遠不會離開。

徐志摩說，康橋是他的愛。這裡讓他覺得幸福，幸福得從未忘懷。多年後，當他故地重遊時，仍然向這座如夢似幻的城，傾彈了深情的夜曲。這樣濃厚的感情，或許正是因為，他曾在這裡愛過一個年華正好的美麗女子。

感情的事總是很玄妙，有的人日日在你眼前，你卻對其視而不見；可有的人，只一眼，便是一世的牽掛。徐志摩何曾想過，他為了追尋羅素，從美國輾轉來到英國，沒有見到羅素，卻認識了讓他只看一眼，便記掛了一生的林徽因。

那天，徐志摩聽說國際聯盟理事會理事林長民先生將在倫敦國際聯盟協會上發表演說。對於仰慕已久的前輩，他早就想一睹風采，聽說林長民這次來倫敦演講，便拉了同在倫敦的陳西瀅與章士釗一同前往聽講。從此，林長民與這位才華橫溢的詩人便成了忘年交。

林長民很喜歡這位年輕的朋友，一見面便視為知己。此後，徐志摩便常到林長民的家裡喝茶、聊天，說點政治，談點詩藝。也正是在這時，徐志摩認識了林長民的女兒——林徽因。

依著父親的意思，她到這裡來，為的是增長見識；同時領悟父親林長民的胸懷與抱負，擴大眼光，養成「將來改良社會的見解與能力」。這樣的抱負，徐志摩在初見林徽因時，一定是無

法覺察出來的。

這時的林徽因，只是一個十六歲的花齡少女，彷彿剛從煙雨濛濛的南國小巷裡走出，帶著一身水漾的詩意與清麗，優雅而靈動。她的美猶如一件精美的瓷器，讓徐志摩一眼，便是一世。

在那個關乎理想的時代，愛情似乎也沾染上理想的色彩。偏偏，徐志摩是個浪漫的理想主義者，難怪很多人說，徐志摩對林徽因熱烈的愛，只是一種理想。在他眼中，林徽因是新女性，自小便受過新式教育，十六歲便跟著父親遊歷歐洲，眼界開闊，會流利的英文，結交了眾多外國名士⋯⋯這樣的女人，與徐志摩的髮妻張幼儀相比，自然是一個天上，一個地下之別。

就這樣，徐志摩戀愛了，第一次，以自由的名義，從他的靈魂深處愛上了這個從自己的理想中走出來的女子。縱使他愛的只是那個被自己理想化了的形象，又如何？他生來就是為了理想而前行的。

在這位靈氣逼人的女孩面前，他叫她「徽徽」。有了徽徽的生活一下變得豐富起來。他所有的情感都能向她傾訴，他所有的理想與追求都可以被她理解，他每一次的詩意的激情都能得到她熱情的回應。

於是，徐志摩開始了對林徽因的熱烈追求。他想用自己的熱烈換她的一個未來。只是，緣分就是這般捉弄人，那時的徐志摩已為人夫、為人父，驕傲如林徽因，是無論如何也不允許自己不是感情裡的那個「唯一」。另外，初識徐志摩，林徽因終

歸是個十六歲的女中學生，對他更多的是一種尊敬與仰慕。

此時的林徽因，面對徐志摩的追求有惶恐，也有羞澀，就像每一個初識愛情的少女，內心的歡喜撒滿一地，卻不知該如何拾起。在倫敦，林徽因由於父親到瑞士開會，過著「悶到實在不能不哭」的日子，用她自己的話說，當時總希望生活中能發生點浪漫，而所有浪漫之中，最重要的是，要有個人來愛她。

徐志摩的出現，彷彿是一陣奇異的風吹過林徽因的心頭，她詩意的靈性也彷彿一下子從懵懂與徬徨中看到了光亮。

那一晚我的船推出了河心，
澄藍的天上托著密密的星。
那一晚你的手牽著我的手，
迷惘的星夜封鎖起重愁。
……
那一天你要聽到鳥般的歌唱，
那便是我靜候著你的讚賞。
那一天你要看到零亂的花影，
那便是我私闖入當年的邊境！

這首〈那一晚〉，寫下了康河柔柔蕩漾的水波旁，一個少女內心的悸動。如果說，徐志摩的愛像不斷跳盪的歡樂音符，歡快熱烈，毫無遮掩；那麼，林徽因的感情就像倫敦永恆的輕霧，輕輕暈出迷濛的曖昧，不願說破，亦不可說破。

煙雨如夢，心似蓮花

康橋煙雨 —— 不貪戀

　　許多年後，當「康橋」二字再次在她腦海裡閃過時，那一抹淡色的甜蜜已不在，只剩一些支離破碎的斑駁掠影，等待一切塵埃落盡。彷彿，那康橋煙雨中的匆匆一瞥，只是一場飄渺虛幻的夢。在夢裡，她愛過、怨過、念過、欣喜過、盼望過，卻從未貪戀過。那是一段清淺的時光，它的名字，喚作「康橋」。康橋，唯有這樣唯美而詩意的字眼，才配得上那場傾城之戀。

　　康橋的雨霧，從來無須約定，常常不期而至。誰也不曾想到，一場異國的偶遇，竟讓兩個年輕人在這裡找到了相似的自己。

假如我是一朵雪花，
翩翩的在半空裡瀟灑，
我一定認清我的方向 ——
飛揚，飛揚，飛揚，——
這地面上有我的方向。
不去那冷寞的幽谷，
不去那悽清的山麓，
也不上荒街去惆悵 ——
飛揚，飛揚，飛揚，——
你看！我有我的方向！
在半空裡娟娟的飛舞，

認明了那清幽的住處，

等著她來花園裡探望——

飛揚，飛揚，飛揚——

啊，她身上有硃砂梅的清香！

那時我憑藉我的身輕，

盈盈的，沾住了她的衣襟，

貼近她柔波似的心胸——

消溶，消溶，消溶——

溶入了她柔波似的心胸！

這首〈雪花的快樂〉是徐志摩寫給心中的一位少女的詩，她，就是林徽因。

他遇見她、愛上她，好似如夢初醒一般，原來，她才是那個與自己靈魂相惜的伴侶。他們之間有許多共同語言，而不是像徐志摩與張幼儀那樣，相對無言。

他談自己的求學經歷、政治理想；他們討論著濟慈（John Keats）、雪萊（Percy Bysshe Shelley）、拜倫（George Gordon Byron）和狄更斯（Charles Dickens），絲毫不覺時間飛逝，光陰流轉。此刻，時間之於他們是靜止的，那一刻，他們在各自的靈魂裡看到了壯美的天地。倫敦煙雨濛濛，籠罩著少女溼潤的眼睛，無法看得真切卻無限動人。這對年輕人漫步在康河畔，聽著教堂裡飄出晚禱的鐘聲，悠遠而蒼涼。金髮白裙的少女坐著

小船從橋下穿過,青春的笑聲撞開了霧和月光的帷幕。像所有墜入愛河的年輕人一樣,她是他心裡一道溫暖的溪水,淺淺流淌,驅走了所有的陰冷灰暗。

只是,天不遂人願。就在一切看似花好月圓時,林徽因卻不辭而別,選擇跟隨父親回國。就這樣,徐志摩與林徽因走向了命運的分岔口,那些曾經繾綣婉轉的黑白剪影,被遺失在過往的歲月裡,漸漸模糊。

古歐洲的貴族之間曾流行一種圓舞,每個人都要繞好大一圈,兜兜轉轉,走過許多人,經歷許多時間,才能走到自己的舞伴面前。它就像生命的隱喻,旅途中有人走近,有人離開,我們只能在自己的世界裡,等待人來人往,接受命運的安排。

人間情愛大抵如此。當年的落花流水、情意綿綿,到底誰有意?到底誰無情?又或許,本就沒有過情意之說,不過是時間虛惘的角落裡,滴落的時光。是殘骸、是碎片,拼不成一段完整的情。

「他如果活著,恐怕我待他仍不能改的。事實上太不可能。也許那就是我不夠愛他的緣故,也就是我愛我現在的家在一切之上的確證。」林徽因說這番話時,康橋之戀已經過去十一年,她的生活已然平靜安穩。也許,她的骨子裡還存有少女般的浪漫,夢裡,她可以比誰都詩意,一旦天明,又比誰都清醒。

我們傾其所有,總希望能在愛情裡修得滿分。然而,世間

圓滿不易尋，缺憾倒俯拾即是。

總有塵埃落定的一刻，你有你棲息的心田，我有我停靠的港灣，愛情原本就是這樣清楚明白，互不相欠。轉身天涯，各自安好，世間就算煙火瀰漫，也不會再有傷害。

離開，是一個人的抉擇

遇見是兩個人的事，離開卻是一個人的決定。林徽因的突然回國讓徐志摩的心情跌到了谷底，此時的他就像一隻落單的候鳥，焦急地拍動著疲憊的雙翼，卻終究得不到任何回音。

認識林徽因時，徐志摩已是有婦之夫，他早在十九歲那年便與張幼儀結為夫妻，並育有一子。只是，他對妻子並無感情可言，甚至認為張幼儀是自己這次理想愛戀的最大阻礙。於是，為了挽回那段單純而美好的康橋之戀，徐志摩毅然地決定離婚。

1922年9月，徐志摩乘坐日本商船返回上海。六個月前，他寫信給妻子張幼儀，開誠布公地談了自己對婚姻和愛情的理解：

真生命必自奮鬥自求得來，真幸福亦必自奮鬥自求得來，真戀愛亦必自奮鬥自求得來！彼此前途無限……彼此有改良社會之心，彼此有造福人類之心，其先自作榜樣，勇決智斷，彼此尊重人格，自由離婚，止絕苦痛，始兆幸福，皆在此矣。

不久，徐志摩就和張幼儀協議離婚。

此時，這個男人已經為他的所愛拋下了一切，即使頂著拋妻棄子的罪名，也在所不惜。這或許就是愛情盲目的一面，在它眩目的光芒下，人們失去了理智，迷失了方向。

　　為何戀愛中的人總是陷入無可救藥的非理性狀態之中？因為當下，他們只看得見自己想看見的東西。徐志摩也是這樣。當他中了名為「林徽因」的毒時，便只看得見她對自己的傾慕，卻看不到一個情竇初開的少女，在第一次面對男性追求時的懵懂與迷惑。所以，他的愛因她的傾慕而更加熱烈。

　　只是，該去的都去了，該來的能如期而來嗎？

　　不久，恢復單身的徐志摩抵達上海。剛剛下船，他就接到了一個晴天霹靂的消息：林徽因和梁啟超的大公子梁思成將締結婚約。頓時，徐志摩呆若木雞。禁不住這份煎熬，一個月後，徐志摩坐上了北上的火車，他一定要親口向林徽因求證。可是，他並未在林家見到她，而是看到梁思成與林徽因獨處時，一張貼在門上的便條，明言勿擾。頓時間，徐志摩心裡的哀傷在眉宇間蔓延開來。

　　不久，徐志摩收到恩師梁啟超從上海寄來的一封長信。梁啟超一直以為徐志摩和張幼儀彼此不能再相處了，所以也沒有反對他們離婚。但他聽張君勱（幼儀哥哥）說，徐志摩回國後和張幼儀「通信不絕」、「常常稱道她」，覺得很奇怪。梁啟超給了學生兩條忠告：萬萬不可把自己的快樂建立在弱妻幼子之上；

離開，是一個人的抉擇

真愛固然神聖，但可遇不可求，不可勉強。信寫得情真意切、語重心長。當即，徐志摩回了梁啟超一封慷慨激昂的信，其中一句便是：「我將於茫茫人海中訪我唯一靈魂之伴侶，得之，我幸；不得，我命，如此而已。」

但凡愛情，都有保固期，如同鮮花，該凋謝的時候就會落下。有時候，緣分無法捉摸，也許你還愛著，對方卻已轉身，珍惜曾經擁有的緣分，緣分盡了就放手，哪怕是流著淚，哪怕還需要更久的時間去療傷，也不要將曾經美好的回憶都化作虛無。若分開，便是緣分還不夠，那就選擇隨緣吧，將那些悠然的往事留在記憶的彼岸，等待時光將它遺忘。

這一段感情，對於林徽因而言，是少女溫柔的愛情之夢，之於徐志摩，則是詩人浪漫自由的理想之愛。然而，對於張幼儀來說，卻是人生裡最痛苦無助且無法磨滅的煎熬。

對於已經不再愛的那個人，有人選擇繼續做朋友，有人老死不相往來。這兩種態度不能說誰對誰錯，因為個性決定人生選擇，而無論以何種關係繼續以後的生活，都要保證自己不被那種關係所困擾。林徽因和徐志摩此後一直是好朋友，因為林徽因夠理智、夠清醒，她知道自己的心已經給了梁思成，再無可能和他分開，所以才能坦然地與徐志摩相處。

人的一生終究是一個人的一生。倒不是說要孤獨終老，而是大家各自有所追求，有緣分就相遇，有緣無分，情深緣淺是

常事，分開也未必就會痛苦得無法自持。人生如戲，一場落幕下一場又要開始，自然也不必過度耽於昨天。你記得也好，你忘記也罷，生命本就如輪迴一般，來來去去，何曾為誰有過絲毫停歇。

剎那驚鴻，命運的安排恰到好處

感情之事，向來亦無道理可言。有些人注定沒有感情的交集，縱使才情翩翩的富家公子與端莊善良的大家閨秀結為連理，也絲毫泛不起半點情意的波瀾。徐志摩與張幼儀便是如此，因為無法在彼此的生命裡種下愛情與愜意，所以，一路顛沛，終於失意。而有的人，則是無涯的時間荒野裡，緣分注定的相遇，如同林徽因與梁思成，沒有早一步也沒有晚一步，一切，只是剛剛好。

十四歲那年，林徽因在教會女校上學。有一天，一個文質彬彬的少年到林家拜訪。他戴著眼鏡，卻眼神堅毅，只是神態有些局促不安，這讓林家大小姐覺得十分有趣。林長民曾告訴過她，這個少年是他的好朋友——梁啟超的長子——梁思成。

梁思成走後，林徽因的二娘程桂林打趣地說：「寶寶，這個梁公子怎麼樣？你爹爹打算招他當女婿呢。」聽完這話，徽因立刻羞紅了臉，低頭跑開了。二娘不會無緣無故說這話的，林長

民跟她走得近，必然跟她提起過什麼。

對於父親第一次見到母親的情景，梁思成的女兒梁再冰在《回憶我的父親》中寫道：

> 門開了，年僅十四歲的林徽因走進房來。父親看到的是一個亭亭玉立卻仍帶稚氣的小姑娘，梳兩條小辮。她的雙眸清亮有神采，五官精緻有雕琢之美，左頰有笑靨；淺色半袖短衫罩在長僅及膝下的黑色綢裙上；她翩然轉身告辭時，飄逸如一個小仙子，給父親留下了極深刻的印象。

梁思成對林徽因可能並非絕對的一見鍾情，但定然是有好感的。從梁再冰的記述可以看出，林徽因和梁思成身邊的女孩都不一樣，或許，正是這股特別的清新氣質，使他對這個女孩格外的有好感。

只是在那天後，林徽因的父親再也沒在女兒跟前提過梁思成。她與那個少年的再次相遇，是在三年之後。

1921年10月14日，結束了一年多的歐洲遊學，林徽因和父親乘坐「波羅加」號郵輪從倫敦轉道法國，踏上歸國的旅程。回國後，父親留在上海，她回到北京的教會女中繼續上學。

之後，她與梁家的來往越來越頻繁，在談到各自的理想時，梁思成說，他將來或許會跟他的父親梁啟超一樣，從事政治。對此，林徽因不以為然，她說：「從政需要磨練，也需要天賦。古往今來，把政治之路走得順風順水的人不多，即使我的

父親,也許還有尊駕——不好意思,唐突了,不過這不是我操心的,我感興趣的是建築。」

這話讓當時二十歲的梁思成感到驚訝:「建築?你是說,蓋房子?女孩子家怎麼做這個呢?」「不僅僅是蓋房子,準確地說,是 Architecture,叫建築學或者建築藝術吧,那是集藝術和工程於一體的學科。」林徽因對此解釋道。

她異於同齡女孩的開闊眼界、敏捷思維以及優雅的談吐和出落得越發美麗的容貌,打動了梁思成。回到家後,他跟父親確定了兩件事:第一,他要把建築作為終生的事業和追求;第二,他想要和林家大小姐約會。

對此,梁啟超十分贊同:「徽因這孩子不錯,爸爸早就支持你們交往,其他的,就要隨緣分了。」這是當時梁啟超希望看到的情況:父母留心留意,確定人選,然後創造適當的機會讓兩人接觸,兩人經過充分的了解,自由戀愛後結合。這是他心目中「理想的婚姻制度」。

梁家的大小姐梁思順就是父親「理想的婚姻制度」的實踐者。梁啟超選定的得意女婿周希哲,原本出身寒微,但後來成為駐菲律賓和加拿大使館總領事,對梁思順和梁家都很好,這是梁啟超一直引以為傲的。1923 年 11 月 5 日他寫信給女兒說:

……徽因我也很愛她,我常和你媽媽說,又得一個可愛的女兒……我對於你們的婚姻,非常得意,我覺得我的方法好極

了，由我留心觀檢視定一個人，給你們介紹，最後的決定在你們自己，我想這真是理想的婚姻制度。好孩子，你覺得希哲如何，老夫眼力不錯罷。徽因又是我第二回的成功。

對於梁思成的追求，林徽因並未拒絕。日後，他們時常在環境優美的北海公園遊玩，一起逛太廟，偶爾也會去看梁思成參加的音樂演出。或許，與詩人徐志摩相比，梁思成少了些浪漫溫柔，卻多了一份踏實穩重。更重要的是，梁思成與林徽因年齡相仿，他們之間的交流很輕鬆愉悅，而不是那種混合著憂愁與負罪感的沉重。

事情進展頗順，這對金童玉女相處愉快，彼此好感與日俱增。林徽因的父親林長民一方面看好梁思成，一方面也希望女兒早日斷了對徐志摩的念想。

不久，林徽因同梁思成一起赴美國留學。

病榻相伴，生死不棄

愛情，是一段漫長的旅途。相識、相知、相戀、相愛，不到最後，誰也無法參透故事的結局。而這沿途的風景，無論美麗與厚重，已是旅途的意義。

內心溫良的女子，只想在天地裡尋得一個落腳處，與相愛的人，攜手一生，安穩度日。這普通女人的美好希冀，林徽因都得

煙雨如夢，心似蓮花

到了。最終這是她想要的，擁有浮世裡最安靜的煙火，感悟生命裡最難言的幸福。她，正朝著自己想要的生活，緩步而去。

和徐志摩分開後，林徽因回到國內潛心讀書。在那段清淨的時間裡，她好好地審視了自己的感情和未來的婚姻。論才華詩情，她更傾向於徐志摩，這一點，她的父親林長民也同意。但兩個姑姑堅決不同意。

但是，這個女子自尊心強也驕傲，當時的徐志摩剛離婚，嫁給他就意味著自己是「小」。這不但會辱了林家的名聲，也會使她遭到閒言碎語。她是那麼看重自尊、那麼驕傲，做「小」這樣的事怎麼會發生在她身上！梁思成又待她如此，她也欣賞他的才華。雖然這麼做，對不起一往情深的徐志摩，看到他傷心的模樣她也一樣痛苦。但是她必須做出一個盡量讓大家都滿意、顧全大局、損失最小的選擇。

這就是林徽因。當年她只有十八歲，卻能如此冷靜地抉擇自己的人生。

一切的轉折，發生在梁思成的一次車禍之後。期間，林徽因特意從學校請假來醫院照顧梁思成。她寸步不離地守在梁思成的病床前，悉心照料。梁思成因為剛動過手術，身子不能動彈，但精神一下子好了很多。

怕梁思成無聊，林徽因經常拿報紙來讀新聞給他聽。有一回，她給梁思成看《晨報》，開玩笑地說：「你看，你成明星啦。」

原來，他出車禍的消息上了頭條。梁思成看了一眼，苦笑著說：「這我倒不感興趣，妳在這裡陪我，就是我三生有福了。」

梁思成出院時，林徽因帶著一束花來接他。這時，她已經從女中畢業，考取了半公費留學。

大概就是這場車禍堅定了林徽因和梁思成一起走下去的信念吧。這段時間，兩個年輕人的頻繁接觸，讓林徽因看清了自己的心，她和梁思成再也不能輕易地離別了。

這便是冥冥之中的緣分。

大千世界，茫茫人海，兩個人能相逢已是難得的緣分，若能相戀，更是絕妙的命數安排。有人說，兩個人的相遇、相知、相守，是老天爺的恩賜，是上蒼的安排。不然，怎麼那麼多人從我身邊走過，我卻偏偏對你情有獨鍾？又怎會在大千世界收穫你那份忠貞炙熱的情感？

能相愛，必定有牽手的理由。真愛也必是這樣，隨心而走，不問歸期，不問歸程，只有兩顆心的相依相伴。能在人海之中遇見所愛之人，這是怎樣的一種幸運和幸福。

年輕時，我們都有做夢的資格。只是，錯過了做夢的年紀，想要肆無忌憚就得付出代價。林徽因選擇了清醒，便毅然與夢作別。同時代許多女性為了愛情換得一身致命傷，唯獨她沒有那些悲絕的回憶。

林徽因的每一步選擇，也許並非完美無缺，但總歸是向著

安然的方向行駛。具有同樣的才情與美貌,她卻不是那清高遺世、痴情至死的林黛玉,而是努力讓自己俯落紅塵,與眾生一起飲食人間煙火,且靈魂潔淨。

蒼松竹梅的情誼圖卷

滾滾紅塵,滄海桑田。執著的心,究竟要承載多少思念,才能歷盡千帆,抵達歲月的彼岸。那把酒言歡的且斟且飲,那痴情曼妙的自我陶醉,都已化作萬丈紅塵裡,悽絕的思思念念。

1924 年 4 月 23 日,墨綠色的車廂如同從遠海歸航的古船停泊在了北京前門火車站的月臺上。一群文化名人打扮新潮,嚴肅的神情中透出期待和焦急。梁啟超、蔡元培、胡適、梁漱溟、辜鴻銘、林長民等人或西裝革履,或長衫飄逸,個個氣度不凡。萬綠叢中一點紅的林徽因,身著咖啡色連衣裙搭配米黃色外套,素淨淡雅。她手捧一束紅色鬱金香,年輕嬌美的面容被襯托得更加動人。

此次訪華的,是剛剛獲得諾貝爾文學獎的詩人──羅賓德拉納特·泰戈爾(Rabindranath Tagore)。來到這個心嚮往之的東方國度,這位印度詩人被每一處踏訪的遺跡深深吸引。泰戈爾訪華的演講稿是徐志摩事先翻譯好的,詩哲的行程也是他精心安排。其間,徐志摩作為泰戈爾的好友和翻譯,一直陪伴在

他身邊。

林徽因的情感也許沒有詩人那麼外露和激盪，但是她的內心也無法平靜。對於泰戈爾那些膾炙人口的名作，愛詩的林徽因早已爛熟於心，她無時無刻都不在盼望著能夠早一點見到這位睿智的偶像。

鴿哨清亮悠揚地劃過如洗碧空。公園的草坪剛修剪好，陽光鋪展其上，每一片草葉都閃耀著淡淡的金色光澤，散發出令人心情舒暢的植物的清香。那是一種令人想起夢境中的故園的清香，遙遠、古老而又安寧。

歡迎泰戈爾的集會就在這片草坪上進行。在林徽因的攙扶下，泰戈爾登上演講臺，擔任同聲翻譯的則是徐志摩。當天，各大報紙都在頭條報導了這次集會的盛況。說林小姐人豔如花，和老詩人挾臂而行，加上郊寒島瘦的徐志摩，猶如蒼松竹梅的一幅「三友圖」。林徽因的青春美麗、徐志摩的風度翩翩和詩哲的仙風道骨相映成趣，一時成為城內美談。

5月8日，四百位京城最著名的文化界名人出席了泰戈爾六十四歲的生日宴會。為了替這位遠道而來的詩哲祝壽，新月社排演了取材於印度史詩《摩訶婆羅多》(Mahabharata)的《齊德拉》(Chitra)。

這是一個與愛情有關的故事，在這個故事裡，觀眾最關注的不是王子公主，而是扮演公主和愛神的林徽因與徐志摩。在

表演中,他們很快進入情境,贏得了觀眾熱烈的掌聲。

儘管演出大獲成功,此時的梁家卻高興不起來。當時,周圍的朋友都知道徐、林二人餘情未了,特別是徐志摩,一直沒有完全放棄追求林徽因,這幾乎是公開的祕密。他回國後一直殷切地待她,如初見一般溫柔熱切。或許,林徽因曾有過短暫的掙扎,但她最終選擇遠離感情的是非,與梁思成一起遠赴美國讀書。林徽因與徐志摩之間的愛情甦醒宛如生命的迴光返照,他們終究會漸行漸遠,消失在彼此的世界。原來,愛情也是這般脆弱。

大抵,世間的愛情只有兩條路:愛或不愛。大多數時候,愛情不會順著各自的意願前行,某些時刻,它就如同初生的牛犢,人們越想抓住,它就越想走開。愛不是來得太快,就是來得太遲,美麗的錯誤往往最讓人難以抉擇。

在一段孤寂清冷的日子裡,我們能夠給予對方渴望得到的溫暖,安撫對方那顆跳動不安的心,靜靜聆聽對方如痴如醉的呢喃,默默注視對方如夢如花的表情,細數著生活中所發生的點滴。記住那些讓人微笑又溫暖的細節,這已是人間佳話。

康大與傷情

很多人在談論婚嫁時會說:「最好的未必是最合適的,只有最合適的才是最好的。」就像安妮寶貝說的,愛一個人,是一件

簡單的事，就好像用杯子裝滿一杯水，清清涼涼地喝下去，你的身體需要它，你感覺自己健康和愉悅，以此認定它是一個好習慣，所以願意日日夜夜重複。

對於林徽因而言，梁思成就是自己那杯讓人愉悅、舒心的「水」。與梁思成的相處讓林徽因感覺到，原來愛情也可以如此簡單、輕柔，被一個人真心地愛著，並毫無顧忌地去愛對方，竟是這樣的幸福與豐盈。這是她小時候在父母的感情裡所不曾見到過的，也是在與徐志摩的相處中不曾體會到的。而梁思成，則讓她美夢成真。

1924年6月，林徽因與梁思成雙雙來到美國，前往康乃爾大學就讀預科班，為之後正式讀大學做準備。一同來美國就讀的，還有梁思成的大學好友陳植。

康乃爾大學位於兩道峽谷之間，三面環山，另一面，是水光瀲灩的卡尤加湖（Cayuga Lake）。林徽因喜歡這裡的山光水色，大自然的美有一種山水畫的意境，引發了她淡淡的鄉愁。

這裡的美景讓這群意氣風發的年輕學子陶醉其中，西方式教學的開放創新也使他們在這裡如魚得水。每天清早，梁思成和林徽因就會攜著畫具，伴著鳥鳴去野外感受大自然生動的色彩，讓心靈得到前所未有的釋放。

最吸引他們的，還是康大的校友會。校友會在一棟淡黃色的雅緻建築裡舉辦，大廳裡陳列了康大自成立以來歷任校長

的肖像油畫。栗色的長桌上，陳列著每一屆畢業生的名冊，記錄了他們在學術上和社會上的貢獻與成就，以及他們對母校的慷慨回饋。在校友會上，兩位遠道而來的學生結識了許多新朋友，大家經常聚在一起暢談理想、討論人生，有時也會舉辦舞會，生活非常快樂。只是，新鮮的異國生活，並不能搬走壓在他們心裡的那塊石頭。

因泰戈爾訪華嶄露頭角的林徽因，非但沒有改變梁思成的母親李夫人對她的偏見，反而因為與徐志摩的「藕斷絲連」令李夫人更加不滿。梁思成常常收到大姐梁思順的信，信中對林徽因責難有加。特別是最近的一封，說母親重病，也許至死都不會接受徽因做梁家的兒媳婦。

聽到這個消息，林徽因非常傷心，梁思成也很焦急，不知該怎樣安慰她。林徽因本就是個驕傲的女孩，她無法忍受李夫人和大姐的種種責難，更不能接受他人對自己的品行有任何的質疑。於是，她與梁思成商量，等康大的課程結束後，她不準備和他一起去賓夕法尼亞大學了，她要一個人留在康乃爾，在這恬靜的景緻下為自己療傷。

此時此刻，遠在北京獨自傷心的徐志摩接到林徽因的一封來信。信的內容很短，只說希望能收到他的回信。不用寫什麼，報個平安也好。

一時之間，徐志摩已經冷卻的希望彷彿被重新點燃。他生怕寫信太慢，連忙跑到郵局發了一封加急電報給林徽因。回到寓

所,抑制不住激動心情的徐志摩準備好紙筆,想要立刻為林徽因寫上一封信。然而,信沒寫成,一首詩卻如雲霞般落在紙上:

阿,果然有今天,就不算如願,
她這「我求你」也就夠可憐!
「我求你,」她信上說,「我的朋友,
給我一個快電,單說你平安,
多少也叫我心寬。」叫她心寬!
扯來她忘不了的還是我——我,
雖則她的傲氣從不肯認服;
害得我多苦,這幾年叫痛苦
帶住了我,像磨面似的盡磨!
還不快發電去,傻子,說太顯——
或許不便,但也不妨占一點
顏色,叫她明白我不曾改變,
咳何止,這爐火更旺似從前!
我已經靠在發電處的窗前;
震震的手寫來震震的情電,
遞給收電的那位先生,問這
該多少錢?但他看了看電文,
又看我一眼,遲疑的說:「先生,

煙雨如夢，心似蓮花

您沒重打吧？方才半點鐘前，
有一位年輕先生也來發電，
那地址，那人名，全跟這一樣，
還有那電文，我記得對，我想，
也是這……先生，您明白，反正
意思相像，就這簽名不一樣！」
「嚇！是嗎？噢，可不是我真是昏！
發了又重發；拿回吧，勞駕，先生。」

當這封信寄到林徽因手中時，她已經在醫院的病床上躺了好幾天。她發著高燒，分不清是在夢裡還是醒著，是幻覺還是真實。當她終於張開雙眼的時候，看到的是淡金色的陽光灑在窗簾上，溫暖卻不刺眼。她艱難地動了一下，稍稍轉過頭，床頭有一束新鮮的花，剛剛從山野採來的花，露水還未來得及蒸發掉，在花瓣上晶瑩閃爍。

在林徽因住院這段時間，梁思成每天早晨採一束帶著露水的鮮花，騎上摩托車，準時趕到醫院。每天一束鮮花，讓林徽因看到了生命不斷變化的色彩，也讓她漸漸讀懂了他的心。一連許多天，她的心都沉醉在這濃得化不開的顏色裡，醉心不已。

這或許，才是林徽因心中一直嚮往的愛情吧，兩個人能傾心交談、靜靜相守，無須血肉糾纏、不依不饒。只是這樣，淡淡的，在一起，在彼此的眼睛裡看到暖意。

最美好的時光

世間甘苦,唯有嘗盡,才解其中味。篤定的感情,唯有磨合,方能香溢永恆。

1924 年 9 月,梁思成和林徽因結束了兩人在康乃爾大學的暑期課程,一同前往賓夕法尼亞大學讀書。成立於 18 世紀的賓夕法尼亞大學屬於常春藤大學聯盟,它為全美最好大學之一。

很快,梁思成便入讀了建築系,林徽因卻無法順利進入建築系。原因是,建築系學生經常需要熬夜畫圖,女生處在這樣的環境會比較危險。與從少女時期就心嚮往之的建築藝術無緣,林徽因只好選擇了和建築系相關的美術系,並且選修了建築系的主要課程。這樣,林徽因和梁思成就成了同學,一起上課、一起完成設計作業。沒課的時候,林徽因、梁思成就會約早他們一年到賓大的陳植,去校外郊遊散步。興致好的時候,他們便坐上車子到蒙哥馬利、切斯特和蓋茨堡等地去,觀看那裡的名勝古蹟。

林徽因和梁思成對那裡的蓋頂橋梁十分感興趣,常常流連忘返。有時,三個人也會去逛逛市場。在農家的小攤上,他們總能買到各種新鮮的水果和蔬菜,林徽因喜歡吃油炸燕麥包,梁思成卻喜歡黎巴嫩香腸和瑞士乾起司。在這樣簡單、愜意的環境下,他們度過了人生從未有過的美好時光。

煙雨如夢，心似蓮花

　　1926 年 1 月 17 日，一個美國同學比林斯替她的家鄉的《蒙大拿報》寫了一篇訪問記，記錄了林徽因在賓大的學習生活：

　　她坐在靠近窗戶能夠俯視校園中一條小徑的椅子上，身體俯向一張繪圖桌，她那瘦削的身影匍匐在那巨大的建築習題上，當它和其他三十到四十張習題一起掛在巨大的判分室的牆上時，將會獲得很高的分數。這樣說並非捕風捉影，因為她的作業總是得到最高的分數或是偶爾得第二。她不苟言笑，幽默而謙遜，從不把自己的成就掛在嘴邊。

　　或許是因為，林徽因那太過早熟、壓抑的童年，讓她能在這個自由的環境裡感受到更大的快樂和放鬆。這一株青春的樹，終於可以肆無忌憚地碰觸陽光了。這裡的氛圍是明朗的，同學充滿朝氣的笑聲讓人越發感到年輕的活力。她可以大聲地講笑話、開心地笑鬧，沒有人會干涉她。嚴格的父親、憤憤不平的母親、畸形的家庭關係……這些糾纏她多年的束縛終於解開了。在這個新世界，每個人都心無芥蒂地喜歡著她。雖然功課繁重，但是她仍然可以和同學看戲、跳舞、聚會，生活看起來真是極好了。

　　對於林徽因來說，她飄洋過海來到美國，是為了追逐自己的建築夢，卻因為性別就被輕飄飄地拒之門外，倔強的她並不就此甘心。雖然只是建築系的旁聽生，但她和其他正式的學生一樣認真上課、完成作業、交報告，因此，成績總是名列前茅。

　　天道酬勤，很快的，林徽因的努力便得到了回報。從 1926

年春季開始，她就成為建築設計教授的業餘助教，並在 1926 — 1927 學年升為該科系的業餘教師。林徽因外表美麗，英文說得很棒，而且活潑健談，走到哪裡都是焦點，所以，很受大家的歡迎。

與之相反，梁思成更加沉著理性。林徽因的思維活躍，富有創造性，常常是先畫一張草圖，隨後又多次修改，不滿意的便丟棄，當交圖期限臨近時，梁思成便會幫助她，以自己那準確、漂亮的繪圖功夫，把林徽因繪製得亂七八糟的草圖，變成一張清楚而整齊的作品。

林徽因脾氣急，梁思成個性好，兩個人在一起，既志趣相投又性格互補，是最好不過的了。所以，儘管偶爾也少不了有些齟齬，但他們之間的感情是越來越篤定、深厚。這也是後來，他們的婚姻能穩固幾十年的一個重要原因。有了充分的了解與磨合，兩人在相戀、爭吵和懷疑的過程中找到了平衡，所以，便可牢牢抓住對方，相互偎依，靜靜走完這一世。

在賓夕法尼亞大學，兩人有過歡笑，也共同承受了失去親人的痛楚。入校不到一個月，梁思成就接到了母親病逝的電報。考慮到孩子們剛剛安頓下來，梁啟超好幾次致電叮囑梁思成不必回國奔喪，只要梁思永一人回去便可。梁思成是家中長子，母親重病期間別說床前盡孝，就連去世也沒法回去見最後一面，這如何不讓他悔恨交加？看著梁思成傷心欲絕的樣子，林徽因知道現在說什麼也沒用，她能做的就是陪在他的身邊，安

慰他，表達自己的關切。

後來，兩人在校園後面的山坡上做了簡單的祭奠，梁思成流著淚燒了寫給母親的祭文。林徽因採來鮮花和草葉，編織了一個精巧的花環，掛在松枝上，朝著家鄉的方向。

喪母的悲痛還未完全平復，又一個晴天霹靂的消息。這次痛失至親的變成了林徽因。十五個月後，梁啟超從國內來信，告知林徽因的父親林長民在戰爭中身亡。

這是二人面臨的第二次喪失親人的痛楚，林徽因又病倒了。她執意要回國，卻被梁啟超頻頻發來的電函阻止。梁啟超曾在寫給梁思成的信裡說：

我和林叔叔的關係，她是知道的，林叔的女兒，就是我的女兒，何況更加以你們兩個的關係。我從今以後，把她和思莊（注：梁啟超二女兒）一樣地看待，在無可慰藉之中，我願意她領受我這種十二分的同情，渡過她目前的苦境。

這段時間，梁思成每天陪伴在她身邊，徽因吃不下飯的時候，他就去學校的餐廳煮雞湯，一勺一勺地餵她。他成了她重要的精神支柱。也只有在這樣的彼此關照裡，他們才獲得了勇氣，慢慢從悲痛中走出。

1927年，林徽因結束了賓夕法尼亞大學的學業，獲美術學學士學位，四年學業三年完成，轉入耶魯大學戲劇學院學習舞臺美術設計半年。同年2月，梁思成也完成了賓大課程，獲建

築學學士學位，為研究東方建築，轉入哈佛大學研究生院，7月，他又獲得了賓大建築學碩士學位。當時，他們曾為同一個夢想來異鄉求學，而數年後，走過那段多夢的青蔥歲月，他們執手患難，歷經波折，終於要修成正果。

1927年12月18日，梁思成與林徽因的訂婚儀式在家鄉按照傳統禮儀舉辦。次年3月21日，兩人在加拿大渥太華舉行婚禮。

在教堂裡，林徽因穿著自己設計的嫁衣──具有傳統風格的「鳳冠霞帔」，領口和袖口都配有寬邊彩條，頭戴裝飾有嵌珠、左右垂著兩條綵緞的頭飾。與她並肩而立的梁思成一身簡潔莊重的黑色西裝，端正的面孔更加神采飛揚。

佳偶天成。從此，山高水遠，他們將一起走過。

寧守孤寂之舟，獨自拉縴

「請你告訴志摩，我這三年來，寂寞受夠了，失望也遇多了，現在倒能在寂寞和失望中得著自慰和滿足。告訴他，我絕對不怪他，只有盼他原諒我從前的種種的不了解。但是路遠隔膜，誤會是所不免的，他也該原諒我。我昨天把他的舊信一一翻閱了。舊的志摩我現在真真透澈地明白了，但是過去的算過去，現在不必重提了，我只永遠記念著。」

林徽因寫給胡適這封信的時候是1927年。當時，她與梁思

成到美國不過三年而已。不過三年,失望卻多了,寂寞卻多了。哪能不失望,梁思成太沉穩,沉穩得有些失了風情。梁思成自己也承認,做林徽因的丈夫不容易。他的妻子思想活躍得讓他總有些跟不上。所以兩人初到美國時,時常有爭吵,這磨合期過得如在刀山劍樹上一般。所以,林徽因寂寞了。寂寞的女人向來只做兩件事 —— 尋求安慰與懷念。

安慰,林徽因兩年前便尋了,就是那封讓徐志摩寫下〈拿回吧,勞駕,先生〉的電報。也不能怪她給許多人發一樣的電報。心空了,最好的補藥是情感的安慰。她只是出於本能,毫無遮掩地向愛她的朋友們尋求一點慰藉。

現在,她還剩懷念。懷念那些令她感到充實的人,懷念那些曾填滿她內心空洞的事。所以,徐志摩曾帶給她的心動便在這個時候慢慢滲入她的骨髓。她把他的舊信一一翻閱。從寂寞的眼望去,在梁思成那稍顯沉悶的情緒底色中,徐志摩熱烈而浪漫的情感,才真真正正透澈了起來。

但還能如何。徐志摩已經結婚了,他的柔情從此只給一個人;而林徽因永遠是林徽因,她必須是完美的女性,必須用一切來維繫她的尊貴與名聲。所以,過去的現在不必重提,她只紀念,永遠。哪怕此生注定了孤寂,她也甘心坐在寂寞的船上,獨自拉縴。

林徽因的孤寂積累成了她自私的情感。她在梁思成寬容的

愛裡任性地跳著，頑皮得像個孩子。但這樣寬容的丈夫從未被她寫進她的詩裡。她活在徐志摩的詩裡，最終，她也只讓徐志摩走進她的詩：

> 這一定又是你的手指，
> 輕彈著，
> 在這深夜，稠密的悲思。
> 我不禁頰邊泛上了紅，
> 靜聽著，
> 這深夜裡弦子的生動。
> 一聲聽從我心底穿過，
> 忒淒涼，
> 我懂得，但我怎能應和？
> 生命早描定她的式樣，
> 太薄弱
> 是人們的美麗的想像。
> 除非在夢裡有這麼一天，
> 你和我
> 同來攀動那根希望的弦。

〈深夜裡聽到樂聲〉——林徽因於1931年9月寫下的詩。那正是她在北平養病，與徐志摩情意復燃的時候。命運弄人，

再美的過往也敵不過現實的一瞬，所以，她懂，卻不能應和，她只會在夢中撥動希望的弦。

然而，即便懷念，林徽因也沒有對她與徐志摩在英國時的那段舊事抱有幸福的回憶。徐志摩心中那段最浪漫的康橋記憶，在她口中，不過是「一段不幸的曲折的舊歷史」。儘管她說她不悔這段往事，但已從心底，否認了徐志摩獻給她的愛。

或許，這就是真相。林徽因曾說，像她這樣一個在舊倫理教育薰陶下長大的姑娘，根本無法想像與一個大自己八歲的男人談戀愛。她說，她知道徐志摩在追求自己，但她只是敬佩、尊重這位詩人，當然也尊重他給她的愛情；她以為，徐志摩所追求的，不過是被他理想化與詩化的林徽因，而不是真正的林徽因；她甚至說，徐志摩雖然浪漫，但俗氣。

一段在世人看來曼妙而傷感的愛情，卻因她的理性戛然而止。

只是，世間哪一段感情有過真正意義上的圓滿呢？就算美麗聰慧如林徽因，也不過是個平凡女子，有過惆悵與踟躕，只是比他人更加收放自如，懂得取捨罷了。

用一生答覆歲月

　　模樣靜美，才情絕豔，這樣的女子注定是討男人喜歡的。徐志摩愛她，梁思成愛她，金岳霖亦是為她終身不娶。就連梁思成的續絃林洙女士，也是對林徽因不吝讚美，說她「是那麼吸引我，我幾乎像戀人似的對她著迷……」

　　從康橋煙雨中的亭亭玉立，到「太太的客廳」裡的優雅睿智，從用詩意的目光注視生命，到以建築的理念凝固設計，林徽因華麗轉身，步步豐盈。就像時人評價她：「修養讓她把熱情都藏在裡面，熱情卻是她生活的支柱……她愛真理，但是孤獨、寂寞、憂鬱，永遠用詩句表達她的哀愁。」

　　熙攘紅塵裡，我們永遠看不到她的傷、她的累。任憑風雲變幻，這個清麗的女子永遠平和沉靜，溫潤從容，守著歲月，自在安寧。

　　走倦了悲恨相續的光陰，看倦了浮沉飄零的世情，不如坐下，與時光寂靜相守，在她的故事裡，抵達一段不可言說的溫情。

用一生答覆歲月

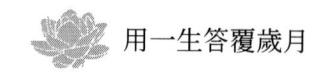

最美愛情

　　崑曲裡有一句行話：「女怕《思凡》，男怕《夜奔》。」

　　《思凡》是旦角戲，為崑曲《孽海記》中的一折，講述了年方二八的小尼姑色空，因厭倦寂寞的出家生活，獨自逃離尼庵的故事；《夜奔》乃武生戲，亦稱《林沖夜奔》，講的是林沖因大雪天遭遇埋伏，危難之時，遂火燒山神廟夜奔梁山。

　　這兩齣戲是崑曲裡旦角和武生最難演的，戲裡唱腔繁複，身段繁多，由演員一人從頭至尾邊唱邊舞，十分考驗功力。所以，便有了「女怕《思凡》，男怕《夜奔》」的說法。

　　只是，人生如戲。戲臺未必不是人生的縮影。

　　思凡，女人怕動凡心，怕的是紅塵慾念中為情所困。夜奔，男人怕連夜奔逃，怕的是平淡生活裡遭遇變故。短短幾個字，已唱盡塵世裡金科玉律的宿命感。

　　像所有懵懂而清澈的初戀一樣，初遇徐志摩，十六歲的林徽因便被對方浪漫而多情的詩人氣質所吸引。他是一團燃燒的火焰，而她，嫻靜的外表下亦隱藏著一顆湧動的少女心。康橋一見，她的心裡好似開出了一朵花，不絢爛不招搖，卻暗自生香，默然歡喜。

　　在倫敦，兩個年輕人談文學、聊理想，以詩意的情懷度過了彼此生命中最柔美的歲月。都說女人的愛如飛蛾撲火，至死不

休。然而，林徽因則清醒果敢。風花雪月，美不過碧水青山。琴棋書畫，敵不過柴米油鹽。這個如詩般綺麗明媚的女子，最終選擇讓愛情歸於平淡，與梁思成攜手相伴，一生相守。

有人說，選擇梁思成作為自己的終身伴侶，是林徽因最聰明的選擇。在顛沛流離的歲月裡，她陪他走過了近十年的逃亡生活，操持家務、照顧孩子，一心一意輔佐丈夫的事業。看似艱苦的日子，在他們的裝點下，如花似錦。

喜歡這樣的女子，紅塵歡愛裡，有無畏無懼的凜冽，俗世煙火裡，亦有迎刃而舞的通達。感情的輕重緩急，她遊刃於心。

至情至性如陸小曼，與徐志摩的愛情轟轟烈烈、熾熱如火，卻終於無法承受生活裡的細碎點滴，將愛收拾得蒼白無力。她以為：「婚後的生活應該比過去甜蜜和幸福，實則不然，結婚成了愛情的墳墓。」放不下奼紫嫣紅的人間春色，便也無法體悟靜默相守的彌足珍貴。這濃烈的愛，足以將她燃燒，卻無法使她感受到人間煙火裡最踏實的溫暖與篤定。

總以為，愛情轟轟烈烈時最美，就算痛徹心扉也恨不能將它裱框起來，掛滿整個曾經。但年歲漸長才發現，一份能讓自己安定、平和的愛情，才是此生最好的收藏。妳信任他，他信任妳，妳放心地把自己交給他，去哪兒都不再懼怕。

最好的愛情一定是這樣的吧，於歲月裡看見浮世的煙火，濃淡相宜。相擁走過千山萬水，不知不覺已白首相依。

在這份妥貼而篤定的愛情面前，你的心慢慢扎根進來，然後發芽，等待它枝繁葉茂。因為你知道，這棵蔥鬱的大樹就是你的保護傘，是你們對彼此的愛。就算生死離別，也不會動搖它的根基，只會在緩慢而綿長的歲月裡，歷久彌新。

怕思凡，怕夜奔。有你相伴，我都不怕。

用一生答覆

有一句話說：「我只想與你在一起，沒有荊棘，沒有反對，沒有誰說不可以。只像著世間所有的愛侶，不辭歲月，相守白頭，不羨鴛鴦不羨仙。」

無塵的愛情，必是這般清透皓潔，像一場初春的細雨，潔淨到骨子裡。

她是亭亭玉立的大家閨秀，具備所有女人夢想的美貌與才情，她也是建築學家梁思成的妻子，一個有情有義、溫婉又堅毅的女子。林徽因年輕時，身邊不乏愛慕追求者，但最終，她選擇與梁思成結成伴侶，彼此共度漫漫人生。

大概只有愛做夢的少年，才會以為擁有詩情畫意的愛情就可度過一生吧。只是，真愛未必風流，它是靈魂的碰撞與相知，是與相愛的人在一起做喜歡的事。哪怕是流浪，也願意與他攜手並肩，浪跡天涯。

人們常說，最好的情侶也一定是最好的朋友。兩個人一起工作、遊玩，共同成長，共同分擔彼此的責任、報酬與權利，幫助對方完成自我意識的追求。同時，兩個人又因為相互信任、分享和愛而合為一體。

這也是為什麼，梁、林二人的婚姻能成為後人的美談。他們郎才女貌，相敬如賓。他們有共同的追求，互不掩蓋彼此的光芒，而是交相輝映，熠熠生輝。戰爭和疾病沒有分開他們，反而讓他們更加堅定地握緊彼此的手，直到林徽因生命的最後一刻。

結婚前，梁思成曾問林徽因：「有一句話，我只問這一次，以後都不會再問，為什麼是我？」林徽因回答他：「答案很長，我得用一生去回答你，準備好聽我答案了嗎？」果然，她用一生的陪伴給出了答案。

有營養的愛情就像一面鏡子，能互相照進彼此。即使對方不在身邊，只要想到那個人，就會感到幸福，哪怕正處於悲傷之中，也會變得堅強。在那個人的面前，我們不必隱藏，不必掩飾，永遠都是最真實的自我。

多年前看《朱生豪情書》，最感動的就是那一句：「要是我們兩人一起在雨夜裡做夢，那境界是如何不同，或者一起在雨夜裡失眠，那也是何等的有味。」這段話是朱生豪寫給夫人宋清如的，他們相戀十年，而他卻在婚後一年多病故，留下妻子和六部生前未譯的莎士比亞史劇。

多年後，宋清如為完成丈夫的心願，決定親自翻譯作品，將漫漫一生交予丈夫未完成的事業。在〈週年祭生豪〉裡，她痛心地寫道：「你的死亡，帶走了我的快樂、我的希望、我的敏感。一年來，我失去了你，也失去了自己……」

終於明白，沒有什麼是比愛人的離去更令人撕心裂肺的。因為一個人的離開，另一個人的心也死了。與丈夫共同完成一部作品，或許，這也是靈魂的一種契合與慰藉吧。

歌詞裡唱「天荒地寒，世情冷暖，我受不住這寂寞孤單，走遍人間，歷盡苦難，要尋訪你做我的旅伴……」一個人的愛情有些孤單，兩心相映的愛情才算完滿。那些讓人羨慕的愛情，不是刻骨銘心，也不是纏綿婉轉，它似流年，用深情演繹了一輩子的幸福溫暖。

新婚之旅

世事流轉，長路漫漫，總有一個人的出現，會令你甘願捨棄自由，不再流浪。不管行至何處，有他在，便是至高無上的樂園。有一個人攜手並肩，便不再懼怕任何苦難。

這便是最堅固的愛情，彼此懂得，彼此欣賞。如那歌詞裡唱的：「讀你千遍也不厭倦，讀你的感覺像三月。不濃不淡，不溫不火，恆久而綿長。」

新婚之旅

　　初春的倫敦一切都那麼溫柔。泰晤士河水靜靜流淌，岸邊的建築物被陽光照耀得生機盎然，彷彿也有了生命。聖保羅大教堂穿一身灰色法衣，傲然立於泰晤士河畔，沉默而堅韌。它是歲月的守望者，沉鬱的鐘聲只讓浪漫的水手和虔誠的拜謁者感動。

　　這是梁思成、林徽因新婚旅行的第一站。按照梁啟超的安排，他們這趟旅行主要是考察古建築，聖保羅大教堂是他們矚目的第一座聖殿。

　　倫敦之於林徽因，是故地重遊，自然備感親切。對梁思成來說，這裡的一切則是陌生的，正因為陌生，樂趣和嚮往反而加倍。

　　聖保羅大教堂是一座比較成熟的文藝復興風格的建築。高大的穹窿呈碟形，加之兩層楹廊，看上去典雅莊重，整個布局完美和諧，在這裡，中世紀的建築語言幾乎完全消失，全部造型生動地反映出文藝復興建築文化的特質。這座教堂的設計者是18世紀著名建築師克里斯托弗·雷恩（Christopher Wren），這裡埋葬著曾經打敗拿破崙（Napoleon）的威靈頓公爵（Duke of Wellington）和戰功赫赫的海軍大將納爾遜（Horatio Nelson）的遺骨。

　　倫敦的建築大多典雅華美，不論是富有東方情調的鑄鐵建築布萊頓皇家別墅，還是別具古典內涵的英國議會大廈，都讓

他們陶醉在這座文化名城濃厚的藝術氛圍之中。

最讓他們傾心的，是海德公園的水晶宮。這是一座鐵架建構，全部玻璃面材的新建築，摒棄了傳統的建築形式和裝飾，展示著新材料、新技術的優勢。梁林夫婦是在夜晚去到那裡的，此時，水晶宮裡燈火輝煌，晶瑩剔透，人置身其中，如同身處漢斯‧安徒生（Hans Christian Andersen）筆下的海王的宮殿。許多慕名而來的參觀者，都發出了陣陣讚嘆之聲。林徽因在日記本上寫道：「從這座建築，我看到了引發起新的、時代的審美觀念最初的心理原因，這個時代裡存在著一種新的精神。新的建築，必須具有共生的美學基礎。水晶宮是一個大變革時代的象徵。」

來到德國波茨坦，他們遇上了這裡的第一場春雨。易北河籠罩在一片濛濛煙雨中。兩岸的橡樹和檸檬輕快地舒展著枝葉，蕁麻、薊草的頭髮被打溼了，薔薇和百合的臉頰閃耀著珍珠般的光澤。

梁思成和林徽因共撐起一把油紙傘，挽著手臂走在石板街上。這是德國波茨坦的第一場春雨。上天好像也眷顧這對金童玉女，特別為他們的旅途增添了羅曼蒂克的氣氛。

來到波茨坦，兩人便參觀了愛因斯坦天文臺。

這座天文臺是為紀念愛因斯坦的相對論的誕生而設計的。這個建築剛剛落成七年，阿爾伯特‧愛因斯坦（Albert Einstein）

看了也很滿意，稱讚它是 20 世紀最偉大的建築和造型藝術上的紀念碑。天文臺造型設計十分特別，以大廈為主體，牆面屋頂渾然一體，流線型的門窗，使人想起輪船上的窗子，造成好像是由於快速運動而形成的形體上的變形，用來象徵時代的動力和速度。

林徽因站在大廈下仰望著這座神奇的天文臺的一幕，被梁思成用相機記錄了下來。

隨後，他們前往德紹市參觀了以培養建築學家而著稱的包浩斯設計學院剛剛落成的校舍，這是一座洋溢著現代美感的建築群，是著名建築師華特‧葛羅培斯（Walter Gropius）設計的，由教學樓、實習工廠和學生宿舍三部分組成。建築群以不對稱的形式，表達出一種時間和空間上的和諧性。林徽因當時就說：「它終有一天會蜚聲世界。」

離開德國，他們去了瑞士。

這個精巧的北歐國家憑藉著神韻獨特的湖光山色，為自己贏得了「世界公園」的美譽。阿爾卑斯山巔覆蓋著層層白雪，山坡上卻已披上了鬱鬱蔥蔥的新裝。眾多湖泊鑲嵌在國土上，倒映著大自然的鬼斧神工。日內瓦湖上成群的鸛鳥展翅追逐著，在湖面嬉鬧著；湖畔稠密的矮樹林裡，畫眉正炫耀著歌喉；綠地上的莓子剛剛吐出淡紅色的花蕊。這對新婚夫婦流連於湖邊菩提樹下，忘記了時間。

在義大利，他們參觀了古羅馬競技場。林徽因被這殘缺的壯美和歷史的沉重感所震動，她說：「羅馬最偉大的紀念物是競技場，是表現文化具體精神的東西，文藝復興以來與以後的建築觀念中，最重要的一個部分，就是建築的紀念性。」

　　來到水城威尼斯，兩人使用了一種叫做「貢多拉」的搖櫓小船作為交通工具，在花團錦簇的河道愜意地穿行。他們從威尼斯走水路，經馬賽上岸，沿隆河北上到達有著羅曼蒂克風韻的巴黎。在這裡，他們造訪了巴黎著名的宮室建築凡爾賽，隨後，又來到歐洲最壯麗的宮殿之一——坐落於塞納河畔的羅浮宮。羅浮宮是「太陽王」路易十四（Louis XIV）的王宮，舉世聞名的「藝術殿堂」，收藏著許多世界名畫。

　　一路上，兩人共同探討建築知識，互相說笑。在返回領事館的路上，還順便去照相館取回一路拍下的照片。看到沖洗出來的成品，林徽因不禁啞然失笑。幾乎所有的照片，建築物都占了大部分空間，人卻被放在小小的角落裡。她佯怒地對這個蹩腳的攝影師開玩笑道：「你這傢伙，看看你的傑作，把我當成比例尺了！」剛回到領事館，他們便收到了梁啟超發來的催促他們回北京工作的電報。於是，二人放棄了對巴黎聖母院、萬神廟和凱旋門的考察計畫，去西班牙、土耳其等國家的旅行也取消了。兩人由水路改道陸路，從巴黎乘火車輾轉來到莫斯科，踏上次國的旅程。

築夢東大

美滿的家庭讓人沉浸在幸福裡不願醒來，事業的成就更將林徽因的人生推向另一種極致。這一年，林徽因的生命之花滋長，冬季彷彿永遠不會來臨。

只是回到現實，花期究竟會有多長？是否會有那麼一天，繁花落盡君辭去，將一切交付給流水？其實誰都清楚，這世間又何來只開不落的花？何來只起不落的人生？

林徽因大概懂得了命運自有其安排，任何一種生活方式都有其不可逆轉的規則。當初轉身時難免也落寞了一陣子，只是不經歷那陣痛，又怎會有今日的歲月靜好？上蒼還是公平的，今時今日的一切，或多或少得交付一些代價方能換取。就算有一天，所得幸福又要拱手奉還，又怎能奈何得了內心堅強之人？人生難得從容，只願你我，皆能隨遇而安。

1928 年 8 月中旬，梁思成和林徽因結束了歐洲旅行回到家中。幾年不見，林徽因並沒有像梁啟超擔心的那樣變得「洋味十足」，他滿意地寫信對大女兒說：「新娘子非常大方，又非常親熱，沒有從前舊家庭虛偽的神容，也沒有新時髦的討厭習氣，和我們家的孩子像同一個模型鑄出來。」

雖然梁啟超一早就把林徽因當女兒看待，但是她知道，此時，自己不再是那個總和梁思成耍小脾氣的女孩子了，她要擔

負起為人妻為人媳的責任,因而,也變得更加懂事、穩重。

早在兩人回國之前,梁啟超便開始為他們二人的工作籌劃奔波了。起初,梁啟超希望兒子到清華大學任職,希望能增設建築圖案的課程,讓梁思成任教。但由於校長不便做主,需要學校評議會投票才可決定,所以,去大學任教一事便擱淺下來。

與此同時,位於瀋陽的東北大學正在積極地招賢納士。東大新建建築系,聘請畢業於賓夕法尼亞大學的楊廷寶擔任系主任,然而,楊廷寶此時已經受聘於某公司,便轉而向東北大學推薦了尚未歸國的師弟梁思成。

清華懸而不決,東大求賢若渴,梁啟超審時度勢後,未徵求兒子的意見,便當機立斷替梁思成做了應徵東北大學的決定。

臨近東大開學的時間,梁思成先行北上,林徽因便回福建老家接母親和三弟林恆,準備把他們安頓在東北,同時,也帶了堂弟林宣到東大建築系就讀。在福州時,林徽因受到父親創辦的私立法政專科學校的熱情接待,並應了當地兩所中學之邀,做了《建築與文學》和《園林建築藝術》的演講。此行之後,林徽因再也沒有回到故鄉,這次演講便也成了她與家鄉的告別。

當時,東大的建築系剛剛成立,所以只有梁氏夫婦兩名教職員及四十多名學生。他們也和其他院系一樣完全採用西式教學,大家集中在一間大教室,座席不按年級劃分,每個教師帶十四、十五個學生。林徽因時年二十四歲,教授美學和建築設計

課。她年輕活躍，知識淵博，談吐直爽幽默，非常受學生歡迎。

第一次講課，林徽因就把學生帶到瀋陽故宮的大清門前，讓大家從這座宮廷建築的外部開始觀察，然後問：「你們誰能講出最能體現這座宮殿的美學建構在什麼地方？」

學生們熱烈地討論起來，各抒己見。有的說是崇政殿，有的說是大政殿，有的說是迪光殿，還有的說是大清門。林徽因聽大家發表完看法，微笑著提示說：「有人注意到面前這座八旗亭了嗎？」學生們看著毫不起眼的八旗亭，困惑地看著林徽因。

林徽因說道：「它沒有特殊的裝潢，也沒有精細的雕刻，跟這金碧輝煌的大殿比起來，它還是簡陋了些，而又分列兩邊，就不那麼惹人注意了，可是它的美在於整體建築的和諧、層次的變化、主次的分明。傳統宮廷建築的對稱，是統治政體的反映，是權力的象徵。這些亭子單獨看起來，與整個建築毫不協調，可是你們從整體來看，這飛簷斗栱的抱廈，與大殿則形成了大與小、簡與繁的有趣對比，如果設計了四面對稱的建築，也就沒有這獨具的匠心了。」

林徽因講課深入淺出，非常善於引導學生獨立思考。在她教過的四十多個學生中，出了劉致平、劉鴻典、張鎛、趙正之、陳繹勤這些日後建築界的菁英。

因為剛剛建立科系，教學任務繁重，林徽因經常替學生補習英語，天天忙到深夜。那時她已懷孕，卻並不愛惜自己，照樣帶

著學生去爬東大後山的北陵。瀋陽的古建築不少,清代皇陵尤其多。林徽因、梁思成在教學之餘忙著到處考察,常常深入建築內部細心測量尺寸,將每個資料都詳細記錄在圖紙上。

林徽因曾說,建築不僅僅是一門科學,也是一門需要感知的藝術。建築師不能只會欣賞城市的高樓大廈,也要禁得住荒郊野外的風餐露宿。而他們的建築生涯,也才剛剛開始。

初次畢業設計

梁漱溟先生曾在〈紀念梁任公先生〉一文中寫道:「任公為人富於熱情……有些時天真爛漫,不失其赤子之心。其可愛在此,其偉大亦在此。」梁啟超先生的赤子之心,便是展現在他與孩子們的相處上。對他們而言,梁啟超既是慈父,也是朋友。無論是學業、事業還是婚姻,梁啟超都為孩子們牢牢把關,細心督促,是孩子們生活中的良師益友。

自林長民去世後,梁啟超便視林徽因如己出,用十二分的溫情和厚愛待她。對於梁林夫婦而言,父親梁啟超始終是他們的精神支柱。

當得知梁啟超重病住院的消息,梁思成、林徽因便心急如焚地從瀋陽趕回家,而此時,梁啟超已經住院近一週的時間。

梁啟超曾經患有尿血症,1926 年 3 月,去醫院檢查時,醫

生發現其右腎有一個黑點，診斷為瘤。醫生建議切除右腎，梁啟超素來信奉西醫，便聽醫生建議做了手術。但手術後病情沒有絲毫緩解，醫師又懷疑病因在牙齒，於是連拔了八顆牙，尿血症仍不減；後又懷疑病因在飲食，梁啟超被餓了好幾天，仍無絲毫好轉。醫生只得宣布此為「無理由之出血症」。

此時，梁啟超的身體已經每況愈下。徐志摩匆匆從上海趕來探望老師，也只能隔著門縫看上兩眼。他望著瘦骨嶙峋的梁啟超，禁不住湧出眼淚。林徽因告訴他：「父親平常做學問太苦了，不太注意自己的身體，病到這個程度，還在趕寫《辛稼軒年譜》。」採用中藥治療一段時間後，梁啟超的病情竟然略有好轉，不但能開口講話，精神也好了些。梁思成心裡高興，就邀了金岳霖、徐志摩幾個朋友到飯館小聚，之後又一起去金家探望他母親。

1929 年 1 月 17 日，梁啟超病情再次惡化。醫生經過會診，迫不得已決定注射碘酒。

第二天，病人出現呼吸緊迫的症狀，神智已經處於昏迷狀態。梁思成急忙致電二叔梁啟勳。當日中午，梁啟勳就帶著梁思懿和梁思寧趕到醫院，梁啟超尚存一點神智，但已不能說話，只是握著弟弟的手，無聲地望著兒子兒媳，眼中流出幾滴淚水。

當天的各大媒體及報章雜誌都在顯著的位置報導了梁啟超病危的消息。兩天後，梁啟超在醫院病逝，終年五十六歲。

之後，梁思成與林徽因一同為梁啟超設計了墓碑，這是他們畢業後的第一件設計作品。墓碑採用花崗岩材質，碑形似榫，古樸莊重，不事修飾。正面鐫刻「先考任公政君暨先妣李太夫人墓」，除此之外再無任何表明墓主生平事蹟的文字。這也是梁啟超的遺願。梁啟超少年得意，被稱為神童，曾經流亡日本，回國後曾任職財政總長，後期閉門著書，成學問大家。稱讚他的人說：「過去半個世紀的知識分子，都受了他的影響。」

最能概括梁啟超一生的評價，於兒媳婦林徽因看來，莫過於沈商耆的輓聯：

三十年來新事業，新知識，新思想，是誰喚起？百千載後論學術，論文章，論人品，自有公評。

開學後，林徽因和梁思成回到東大。

1929年夏季，梁思成與林徽因在賓夕法尼亞大學讀書時的同窗好友陳植、童寯和蔡方蔭應夫婦二人的邀請，來到東北大學建築系任教。

在大家的努力下，建築系的教學逐漸走上正軌。1929年，張學良公開懸賞徵集東大校徽。最終，林徽因設計的「白山黑水」圖案中選。圖案的整體是一塊盾牌，正上方是「東北大學」的四個古體字，中間有八卦中的「艮」卦，同樣代表東北，正中間為東大校訓「知行合一」，下面則是被列強環繞、形勢逼迫的巍峨聳立的皚皚白山和滔滔黑水。校徽構思巧妙，很好地呼應

了校歌內容。

得知徽因的作品被選中，幾個老同學到梁家又是一番慶賀。愜意的生活仍然蒙著一層陰影，而且有越來越沉重的趨勢。

各派勢力爭奪地盤，時局混亂，社會治安極不穩定，「胡子」時常在夜間招搖而過。太陽一落山，「胡子」便從北部牧區流竄下來。東大校園地處郊區，「胡子」進城，必經過校園，整群人像賽馬似的從窗外飛馳而過。此時家家戶戶都不敢亮燈，連小孩子都屏聲靜氣，不敢喧譁。梁家一幫人聊到興致正好的時候，也只能把燈關掉，不再出聲。林徽因在晚上替學生修改繪圖作業，時常忙碌到深夜，有時隔窗看一眼，月光下「胡子」們騎著高頭駿馬，披著紅色斗篷，看起來很是威武。別人感到緊張，林徽因卻說：「這還真有點兒羅曼蒂克呢！」

這年 8 月，林徽因返回北平，在醫院生下大女兒。為紀念梁啟超，取其書房雅號「飲冰室」，為女兒取名再冰。寶寶的第一聲啼哭，引爆了窗外一片嘹亮的蟬鳴。從此，兩顆心就像漂泊的風箏被這根純潔的紐帶繫在一起，再也無法分開。

做了母親後，林徽因的身子更弱了。1930 年冬天，隨著病情的加重，林徽因在梁思成的陪同下回到北平，定居靜養。

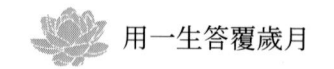

真正的平靜

人生總有一個時刻,想與時光背道而馳,在歲月裡靜靜沉寂。在那片溫和寧靜的天地間,我們將整個生命根植於此,守著光陰、伴著青山與歲月,就此長眠。

大概是繁華世態太耀眼,所以,我們努力地想要減去繁複,想要找尋一些心靈的沉澱與洗滌,努力摒棄浮躁,視清涼為超脫。生命雖然脆弱,但也十分固執,誰也不能刪改情節或是結局。或許有一天,當我們都回歸寧靜,便可獲得生命的本真。

1931 年 3 月,林徽因檢查出肺結核,雖是舊疾,但多半也是因為太勞累的關係。

東北大學建築系還處在嬰兒期,教學任務繁重,而林徽因又是個在工作上不能出一點問題的「偏執狂」,她覺得一件事情要麼就不做,要麼就做到最好。可是哪件事情能丟下不處理呢?她是教師,備課總要精細負責吧;課還要講得有深度,可不能讓學生沒有收穫,覺得無聊;對英語程度不高的學生,更不能落下;建築系學生要交繪圖作業,學生的作業老師能不認真批改嗎⋯⋯

這還不是全部,回到家裡,林徽因是個小小女孩子的媽媽,孩子病了得細心照看;孩子學說話了,也得花時間耐心地陪著她。在醫生和家人的建議下,林徽因停止了一切工作,來到北

真正的平靜

平西郊的香山靜養。

春天的香山，山花爛漫，嬌柔中透出一種令人迷惑的美，肆無忌憚地張揚著生氣。早春的空氣是溼潤的，陽光也是溫和有加，無論是樹或花，都像比賽似的抽著新芽。一晃眼，香山就成了花的海洋。桃花、杏花、海棠、迎春織成的花海隱隱浮動，讓人見了舒心暢快。夾雜其間的綠意卻顯得寧靜和平，它淹沒在那脆弱而洶湧的薄紅淺黃裡，獲得一種自我滿足的安靜。

這難得悠閒的好時光，讓林徽因重拾往日的心情。在這裡，她複誦著早已諳熟於心的天成佳句，在寧靜的夜晚獨自伏案寫作。她早年最出名的詩歌與小說，大多是這期間寫下的。

山間春色，萬物生長，她的健談是人所共知的徽因塵封已久的詩情，為此，她寫下了許多曼妙的詩篇。

桃花，

那一樹的嫣紅，

像是春說的一句話：

朵朵露凝的嬌豔，

是一些

玲瓏的字眼，

一瓣瓣的光致，

又是些

柔的匀的吐息；

含著笑,
在有意無意間生姿的顧盼。
看,——
那一顫動在微風裡她又留下,
淡淡的,在三月的薄唇邊,
一瞥,
一瞥多情的痕跡!

這首〈一首桃花〉是林徽因在徐志摩和張歆海夫婦、張奚若夫婦來香山看望自己時,拿出來讀給大家聽的。一首詩誦罷,引來老友們的交口稱讚,徐志摩說:「徽因的詩,佳句天成,妙手得之,是自然與心靈的契合,又總能讓人讀出人生的況味。這首〈一首桃花〉與前人的『記得綠羅裙,處處憐芳草』是同一種境界。」在香山養病的那段時光,林徽因接觸最多的就是詩歌,讀得最多的自然是徐志摩送她的詩集。每次來看林徽因,徐志摩都會帶一些詩集給她,雪萊、白朗寧(Robert Browning)、拜倫等等,這些曾經充滿了他們英倫時光的美麗詩句,再度將他們包圍。時光好像也跟著倒流了。他們熱切地談論著詩,也寫詩,沉浸在詩歌的世界裡,忘了時間和空間,忘了林徽因令人心焦的肺病、煩瑣的家務,忘了徐志摩「走穴」般頻繁的講課、捉襟見肘的經濟狀況、陸小曼的任性⋯⋯這些惱人的話題,他們從不提起。

真正的平靜

如果時光能夠倒流,徐志摩是否還會向那個十六歲的女學生吐露自己原配妻子的土氣、婚姻的壓抑,以及向她熱烈地告白?或者像十年後的今天一樣,把一切的不如意都埋在心底,不流露分毫不愉快,只給她和她的丈夫一個舒心的笑顏和輕鬆愉快的氛圍?很多個寂靜的夜,徐志摩沐浴著冷冷的月光,遙望著山的方向,也許,還有山中的她,寫下了著名的〈山中〉:

庭院是一片靜,
聽市謠圍抱;
織成一地松影——
看當頭月好!
不知今夜山中是何等光景;
想也有月,有松,
有更深的靜。
我想攀附月色,
化一陣清風,
吹醒群松春醉,
去山中浮動;
吹下一針新碧,
掉在你窗前;
輕柔如同嘆息——
不驚你安眠!

這首詩寫在徐志摩生命的最後一年。人們認為，它表達了詩人對昔日戀人如今超乎友情又異於愛情的細膩情懷。

　　席慕蓉說，在年輕的時候，如果愛上一個人，不管相愛時間長短，一定要溫柔相待，所有的時刻都十分珍惜，這樣就會生出一種無瑕的美麗。假如不得不分離，也好好再見，將這份情意和記憶深藏心底。慢慢地，我們就會知道，「在驀然回首的剎那，沒有怨恨的青春才會了無遺憾，如山岡上那輪靜靜的滿月」。那些流年似水的日子，也因為這份愛而終生懷念。

　　在最好的歲月裡遇到心愛的人，能夠相守固然是一生的幸福，但只要彼此擁有過動人也撩人的心跳，一切就已經足夠。

優雅與智慧並存

　　文人的妙趣，是聚在一起喝茶聊天、讀詩朗誦、談論天下事。它的形式猶如歐美的「文化沙龍」，給人一種朦朧的、浪漫主義的美感。

　　這種文藝界的小聚會，很快聚集了當時一批文化界的菁英。在這些聚會裡，就屬「讀詩會」及「太太的客廳」最為知名。「讀詩會」聚會形式輕鬆活潑，大家可以在這裡暢所欲言，所以也時有「爭論」產生。「太太的客廳」吸引大家的不只有文化界菁英們的高談闊論，還有一位思維敏捷、十分擅長引起話

優雅與智慧並存

題、極富親和力與感染力的女主人──林徽因。林徽因總是辯論的核心人物,她言辭犀利,從不給對方留面子。

與「讀詩會」直奔主題的形式不同,「太太的客廳」裡的交流更隨性、散漫,且富有人情味。文化圈的各路文人,在這裡談古論今,暢聊人生。

「太太的客廳」除了有沈從文這樣的作家外,還有研究哲學的金岳霖、經濟學教授陳岱孫、法學家錢端升、考古學家李濟等。梁思成的妹妹和姪女也常會在放學時,帶著女同學們來聽「演講」,接受新思想的洗禮。

其中,林徽因總能以酣暢雄辯的談吐,將所有的目光都吸引到自己身上,盡顯聚會女主人的風采。正如當時住在西總布衚衕二十一號的美國學者費正清所言:「她交際起來洋溢著迷人的魅力,在這個家,或者在她所在的任何場合,所有在場的人總是全部圍著她轉。」

作為這群文化名流的中心,林徽因的美國朋友費慰梅（Wilma Cannon Fairbank）曾這樣描述她：

「每個老朋友都會記得,徽因是怎樣滔滔不絕地壟斷了整個談話。她的健談是人所共知的,然而使人嘆服的是她也同樣擅長寫作,她的談話和她的著作一樣充滿了創造性。話題從詼諧的軼事到敏銳的分析,從明智的忠告到突發的憤怒,從發狂的熱情到深刻的蔑視,幾乎無所不包,她總是聚會的中心人物。

當她侃侃而談的時候，愛慕者總是為她那天馬行空般的靈感中所迸發出來的精闢警語而傾倒。」

這個具有國際俱樂部特色的「客廳」，不但吸引了許多文化界菁英，同時，也是許多初出茅廬的文學青年心馳神往的地方。當時，還在大學讀書的文藝青年蕭乾，因為一篇發表在《大公報》文藝副刊上的文章〈蠶〉，得到了林徽因的欣賞，被邀請來到「太太的客廳」做客。

那天，我穿著一件新洗的藍布大褂，先騎車趕到沈家，然後與沈先生一道跨進了徽因那有名的「太太的客廳」。聽說徽因得了很嚴重的肺病，還經常得臥床休息。可她哪像個病人，穿了一身騎馬裝。她常和費正清與夫人威爾瑪去外國人俱樂部騎馬。她對我說的第一句話是：「你是用感情寫作的，這很難得。」這給了我很大的鼓舞。她說起話來，別人幾乎插不上嘴。別說沈先生和我，就連梁思成和金岳霖也只是坐在沙發上吧嗒著菸斗，連連點頭稱賞。

林徽因的鼓勵對於當時初在文壇嶄露頭角的蕭乾來說，是莫大的榮幸。她語言犀利，出口成章，以至於每當聆聽林徽因對生活的精闢見解時，蕭乾心裡都會想：

倘若這位述而不作的小姐能像 18 世紀英國的山繆‧詹森博士那樣，身邊也有一位詹姆士‧博斯韋爾，把她那些充滿機智、饒有風趣的話一一記載下來，那該是多麼精采的一部書啊！她從不拐彎抹角、模稜兩可。這樣純學術的批判，也從來

沒有人記仇。我常常折服於徽因過人的藝術悟性。

此後，蕭乾與林徽因結下了深厚的友誼。林徽因去世後，蕭乾曾感慨地說：「在我心坎上，總有一座龕位，裡面供著林徽因。」林徽因一生的文學作品並不多，涉獵卻很廣。在小說、詩歌、散文、戲劇等領域，她都屢出精品。如若真有人將這位才女伶俐的話語記錄下來，或許，那又將是一部讓人動容的曠世佳作了吧。

悄然綻放的人間四月

歷史上，女人不是「紅顏」，便成「禍水」，她們被禁錮在時人短淺的目光裡，成了禍國殃民的「劊子手」。難怪古人常說，女子無才便是德，無才的女人不會過問權勢，不會牝雞司晨，終其一生，也不過是歷史的點綴、男人世界的伴隨者。

但終有人，不願被時光套牢，在如水的天地裡悄然綻放。林徽因便是其中一個。

見過一張林徽因在家中的照片。照片裡，她眼神清透銳利，氣質出塵，模樣不會太嬌豔，卻流露出一股人淡如菊的美感。

這樣飄逸絕塵的女子，或許曾是每個男人心中的夢想吧。夢想與她手牽手漫步公園，清風拂面時，她的髮梢輕輕掠過他的臉頰，兩個人懶懶地享受著陽光的撫慰，還有這短暫、靜

謐的時光。祈禱,這樣緩慢而綿長的時光被無限拉長,靜止不前。林徽因淡雅清宜的氣質讓遇見她的人無不心生傾慕,事實上,她並非嬌豔柔弱的女子,而是一個柔中帶剛、性格爽朗、有獨立精神和見解的魅力女性。走出「太太的客廳」,她與一幫男人一樣風餐露宿,出沒於荒郊野外進行考察,舉手投足間流露出一股豪邁的男子氣。

這或許就是林徽因的迷人之處吧。既有女性的柔美,又不乏男性的果敢,走進人群中,那種獨特的氣質便會吸引眾人目光,叫人難忘。這不是穿幾件華服就能產生出的氣場,而是來自內心的力量與格局,不浮誇不妖嬈,舉手投足已賦予了美麗新的內涵。她是一個高不可攀的「神話」、一個「異端」。也許正是由於這樣的原因,她的身邊沒有幾個親密的女性朋友。

林徽因出身高貴,貌美如花,又有過人的才華,這使她在男性的世界如魚得水。受男性歡迎的女性本就不容易被同性認可,況且林徽因的心氣又高,不屑於與其他女人周旋敷衍,同性的誤解甚至忌妒就可想而知了。

和林徽因曾有過「康橋日記之爭」的凌叔華,晚年時曾這樣評價這位「婦女的仇敵」:「可惜因為人長得漂亮又能說話,被男朋友們寵得很難再進步。」這裡面的「男朋友」當是一種泛指。林徽因的一生,男性朋友始終多於女性朋友,自然,她一生也沒能學會絮絮叨叨的「女性特質」。

然而，無論林徽因是煮飯浣紗的凡俗婦人，抑或是風雲不盡的女建築學家，那些仰慕她才情的人，還是願意把她定格在人間四月，在每一個奼紫嫣紅的季節，想起她。那些不曾被歲月埋沒的詩意與氣度，像是被刻在流年裡，已然無法擦去。

再見志摩

飛。人們原來都是會飛的。天使們有翅膀，會飛，我們初來時也有翅膀，會飛。我們最初來就是飛了來的，有的做完了事還是飛了去，他們是可羨慕的。……但沒了翅膀或是翅膀壞了不能用是一件可怕的事。因為你再也飛不回去，你蹲在地上呆望著飛不上去的天，看旁人有福氣地一程一程地在青雲裡逍遙，那多可憐。

這是徐志摩的散文〈想飛〉裡的片段。他在文章裡說，飛，超脫一切，籠罩一切，掃蕩一切，吞吐一切。而他，果真如他所期盼的，朝著幻滅「飛」去了。

不是不可信的。只是，林徽因無論如何也不會想到，他會這樣一聲不響地離開，「闖出我們這共同的世界，沉入永遠的靜寂，不給我們一點預告，一點準備，或是一個最後希望的餘地」。

在山上休養半年後，林徽因的身體基本上康復了。下山那

天，徐志摩、沈從文等陪了梁思成去接她，並在圖書館辦了一桌宴席，替林徽因接風。宴席結束的時候，一群朋友拉上他們去看戲，徐志摩對林徽因說：「過幾天我回上海一趟，如果走前沒有時間再來看妳，今天就算替妳辭行了。」

當林徽因提及自己11月19日晚會在小禮堂替外國使節講東方建築藝術時，徐志摩高興地表示，自己「一定如期趕回來」，做她的忠實聽眾。只是，誰也沒有想到，這一次，再見即是永別。

從1930年開始，徐志摩便在南京的中央大學和北京女子師範大學兩所學校任教，所以時常需要乘飛機南北往返。即便如此勞累奔波，賺的薪水仍然不夠陸小曼揮霍。此行回上海，徐志摩替陸小曼帶來了不少畫冊、字帖、宣紙、筆墨，滿心指望小曼能夠改掉惡習，沉浸在藝術氛圍中，成就一番事業，並勸她能夠跟自己移居北平，卻沒想到小曼依然故我。

兩人吵了一番，徐志摩不想把關係弄僵，只好去探訪故友，消愁解悶。

12日早晨，他去拜訪好友瀏海粟，中午在羅隆基家吃了午餐。

15日，他的學生何家槐又來看他，兩人興奮地談了一天。因一心要趕回北平，聽林徽因的講座，徐志摩想著無論如何也要在17日離開上海。

18日凌晨，徐志摩乘車到南京，準備搭乘返京的火車，卻從

再見志摩

報紙上得知北平戒嚴的消息。因為擔心趕不上林徽因的演講，徐志摩便決定於19日上午8點之前，乘坐由南京飛往北平的「濟南號」飛機。

飛機起飛時，萬里晴空。這番景緻讓徐志摩感到愜意無邊，彷彿靈魂能飛離鬧市，飛過高山大湖，從此自由自在。

10點10分，飛機降落在徐州機場。10點20分，飛機再次起飛。不料，飛行途中，因下雨霧大，視線不佳，飛機誤撞山頂，當即墜落山下。機身焚毀，僅餘空架，機上唯一的乘客徐志摩和兩名飛行員皆不幸罹難。

11月19日，林徽因直到演講結束也沒有等到徐志摩。隨後，她和梁思成趕到胡適家中詢問情況。當得知飛機失事的消息時，林徽因當場昏厥。

失去他，她便失去了一個「完全詩意的世界」。

十一月十九日我們的好朋友，許多人都愛戴的新詩人徐志摩，突兀的，不可信的，慘酷的，在飛機上遇險而死去。這消息在二十日的早上像一根針灸猛觸到許多朋友的心上，頓使那一早的天墨一般地昏黑，哀慟的咽哽鎖住每一個人的嗓子。

……

我們不迷信的，沒有宗教地望著這死的幃幕，更是絲毫沒有把握。張開口我們不會呼籲，閉上眼不會入夢，徘徊在理智和情感的邊沿，我們不能預期後會，對這死，我們只是永遠發

怔，吞嚥枯澀的淚，待時間來剝削這哀慟的尖銳，痂結我們每次悲悼的創傷。

這篇〈悼志摩〉是林徽因於 12 月 7 日發表的悼文。他曾對她許下過信誓旦旦的諾言，只是，言猶在耳卻已物是人非。滄海桑田，剎那間，便是天人永隔。人已逝，情未結，只有悲傷與哀慟，永不停歇。

11 月 22 日，梁思成、金岳霖、張奚若三人去濟南弔唁並瞻仰徐志摩的遺容，林徽因親手編了一個希臘風格的小花環，並特意將自己珍藏的一張徐志摩的照片鑲嵌在花環中間，託丈夫帶去。

人生渺茫，滄海一粟，芸芸眾生終究逃不過命運的搖擺，起伏漂泊。這場悽風苦雨，只會讓人更覺無限悲涼。

徐志摩去世以後，林徽因臥室中央牆上多了一塊焦黑的飛機殘片。這是梁思成撿來的。他按照林徽因的囑託，從事故現場撿來了這塊「濟南號」飛機殘骸的一小片。

這，是徐志摩留給林徽因最後的念想。

輕輕的我走了，
正如我輕輕的來；
我輕輕的招手，
作別西天的雲彩。
……

「八寶箱」事件

悄悄的我走了，

正如我悄悄的來；

我揮一揮衣袖，

不帶走一片雲彩。

此後，「徐志摩」這三個字被林徽因烙在心底的深處，她將用一世來回憶。

「八寶箱」事件

一場災難，世人唏噓，但對逝者而言，又何嘗不是一種解脫？只是，有些人生就掀起風浪的本事，逝去之後亦能讓世人為他消耗光陰。而那光陰，終究要在世人的回憶裡，豐潤鮮活。

徐志摩乘飛機遇難，讓整個文藝界為之震動。為了紀念這位英年早逝的詩人，眾多詩文好友商定設立徐志摩文學獎，並建立徐志摩圖書館以及徐志摩紀念館。在蒐集徐志摩生前書信、日記的過程中，幾位友人發生了「康橋日記」的糾紛，被人們稱為「八寶箱」之謎。

1925年春，因和陸小曼的戀情鬧得滿城風雨，徐志摩決定到歐洲旅行，散心避風頭。但他的日記和書信以及手稿等不便隨身攜帶，便裝進一個箱子，欲找人代為保管。由於裡面的東西涉及他和林徽因早年的一段情緣，自然不方便交給當時正與

自己戀愛的陸小曼。於是，在深思熟慮之後，徐志摩便將箱子託付給了凌叔華保管。

凌叔華是英文系教授、文學理論家陳西瀅的夫人，與徐志摩相識於泰戈爾訪華之際，是新月社的成員。兩人之間曾有書信來往，友誼深厚。

徐志摩遇難後，凌叔華和林徽因都曾說志摩生前給予她們為自己寫傳記或保管書信的允諾。有些朋友，比如沈從文認為由凌叔華保管更為妥當。胡適是這一群人中的「老大哥」，他與梁氏夫婦感情甚好，因此，更傾向於「八寶箱」應該交給林徽因。

徐志摩去世後，胡適打算為徐志摩出版文集，便寫信給凌叔華，要求從她那裡得到「八寶箱」。凌叔華在寫給胡適的回信中說，箱子裡面有陸小曼的兩冊日記，寫在和徐志摩熱戀初期，其中有不少是罵林徽因的話，因此，此箱不便交與林徽因，當由徐志摩的遺孀陸小曼所有。

但胡適並沒有將箱子交給陸小曼，而是全部交給林徽因。不過，凌叔華在將徐志摩全部遺稿交給胡適前，自己私藏了《康橋日記》中的兩冊。《康橋日記》是徐志摩熱戀林徽因時寫下的感情獨白，並在生前承諾日後將交林徽因保管。

後來，凌叔華想要收集《康橋日記》，由自己編輯出版，便找到林徽因，希望從她這裡徵集徐志摩致林的書信。林徽因委婉的說，信在天津，且內容大部分為英文，不方便馬上收集，

「八寶箱」事件

並順勢問及被凌叔華扣下的那兩本日記。凌叔華不好明確拒絕，就約定三天後讓林來家裡取。臨走前，林徽因讓凌叔華帶走了「八寶箱」裡兩本陸小曼的日記，希望能從凌那裡交換到屬於自己的《康橋日記》。

但是，三天後，林徽因並沒有在凌叔華家裡見到她，只得到凌叔華留下的一封信，說是日記沒有找到，這幾天忙碌，要週末才有空尋找。林徽因知道凌叔華有意拖延，氣得一夜沒睡，無奈之下，便向胡適求助。於是，胡適另寫一信給凌叔華：

「昨始知你送在徽因處的志摩日記只有半冊，我想你一定是把那一冊半留下做傳記或小說材料了。但我細想，這個辦法不很好。……你藏有此兩冊日記，一般朋友都知道……

所以我上星期編的遺著略目，就註明你處存兩冊日記。……今天寫這信給你，請你把那兩冊日記交給我，我把這幾冊英文日記全付打字人打成三個副本，將來我可以把一份全的留給你做傳記材料。」

在胡適的勸說下，凌叔華將半本《康橋日記》交給林徽因。但是，拿回的日記依舊是不完整的。林徽因將這半本和自己手上的一對比，發現仍有被截去的四頁。因此，林徽因對凌叔華很是不滿，而凌叔華也對林徽因從此心生芥蒂。至於殘缺的四頁是否最終被林徽因要回，我們已不得而知。到此，由「八寶箱」鬧出的風波已大概告一段落。

對於如此心切地想要得到《康橋日記》的原因，林徽因自己的解釋是「好奇」、「紀念老朋友」，至於是否真有「銷毀」過往的動機，恐怕世人無法知曉了。《康橋日記》沒有公開發表的原因，林徽因在之後寫給胡適的一封信中說，是因為「年青的厲害」、「文學上價值並不太多」，況且，當事人大多健在，這些日記在當時出版是不合時宜的，也不急著用這些材料寫傳記。

日後，徐志摩「八寶箱」中的遺稿，由陸小曼整理後以「愛眉小札」和「眉軒瑣語」為題發表。而林徽因手中遺存的「日記」，早已灰飛煙滅，一如那消散在康河霧靄中的英倫之戀，在十里洋場樂聲中的你儂我儂裡，不見蹤影。

歷史也許並不如煙，即使無法改變，也早已說不清，道不明瞭。

與冰心的分歧

「她（林徽因）缺乏婦女幽嫻的品德。她對於任何問題（都）感到興趣，特別是文學和藝術，具有本能的、直接的感悟。生長富貴，命運坎坷；修養讓她把熱情藏在裡面，熱情卻是她生活的支柱。喜好和人辯論——因為她熱愛真理，但是孤獨、寂寞、憂鬱，永遠用詩句表達她的哀愁。」

這是李健吾的散文《林徽因》中的一節內容。李健吾和林徽

與冰心的分歧

因是在 1934 年年初認識的。當時，林徽因在《文學季刊》上讀到李健吾關於《包法利夫人》的論文，極為讚賞，就寫信給李健吾邀請他來「太太的客廳」參加聚會。

李健吾在散文裡說，林徽因和另一位女詩人冰心的關係「既是朋友，同時又是仇敵」。林徽因親口對他講起過一件趣事：冰心寫了一篇小說《我們太太的客廳》諷刺她，因為每到星期六下午，便有一些朋友以她為中心談論各種現象和問題。當時，林徽因恰好由山西調查廟宇回到北平，帶了一罐又香又陳的山西醋，立即叫人送給冰心。

這篇小說從 1933 年 9 月 27 日開始在天津《大公報》文藝副刊連載。小說單刀直入地描述道：一幫上層人士聚集在「我們太太的客廳」指點江山，激揚文字，盡情揮灑各自的情感之後星散而去。太太那滿身疲憊、神情萎靡並有些窩囊的先生回來了，那位一直等到最後渴望與「我們的太太」攜手並肩外出看戲的白臉薄唇高鼻子詩人只好無趣地告別「客廳」，悄然消失在門外逼人的夜色中。整個太太的客廳的故事到此結束。

小說對人物做了諸多模糊處理，和林徽因的文化沙龍完全不同，但影射的影子仍然明顯。特別是對於詩人、哲學家的外貌描寫，一看就是以徐志摩和金岳霖為原型。小說中的「太太，無論哪時看見你，都如同一片光明的雲彩……」更是讓人馬上聯想到徐志摩的詩歌。

《我們太太的客廳》發表以後，引起全國文化界的高度關注。小說中塑造的「我們的太太」、詩人、哲學家、畫家、科學家、風流的外國寡婦，都有一種明顯的虛偽、虛榮與虛幻的鮮明色彩，這「三虛」人物的出現，對社會、對愛情、對己、對人都是一股頹廢情調和萎縮的濁流。

　　冰心以溫婉又不失調侃的筆調，對此做了深刻的諷刺與抨擊。金岳霖後來曾說過，這篇小說「也有別的意思，這個別的意思好像是 1930 年代的少奶奶們似乎有一種『不知亡國恨』的毛病」。冰心的先生吳文藻與梁思成同為清華大學 1923 屆的畢業生，且二人一起住同一間宿舍，是真正的同窗；林徽因與冰心是同鄉。這兩對夫婦曾先後留學美國，曾在伊薩卡有過愉快的交流。只是時間過於短暫，至少在 1933 年晚秋這篇明顯帶有影射意味的小說完成並發表，林徽因派人送給冰心一罐子山西陳醋之後，二人便很難再作為「朋友」相處了。

　　1938 年之後，林徽因與冰心都在昆明居住了近三年，且早期的住處相隔很近，步行只需十幾分鐘，但從雙方留下的文字和他人的耳聞口傳中，從未發現二人有往來的經歷。

　　而這一切的緣由，大抵是因為徐志摩的死讓冰心對林徽因心生芥蒂。

　　徐志摩因飛機失事遇難後，冰心寫信給老友梁實秋說：

　　「志摩死了，利用聰明，在一場不人道不光明的行為之下，

與冰心的分歧

仍得到社會一班人的歡迎的人,得到一個歸宿了!……他生前我對著他沒有說過一句好話,最後一句話,他對我說的:『我的心肝五臟都壞了,要到你那裡聖潔的地方去懺悔!』我沒說什麼。我和他從來就不是朋友,如今倒憐惜他了。他真辜負了他的一股子勁!談到女人,究竟是『女人誤他?』還是『他誤女人?』也很難說。志摩是蝴蝶,而不是蜜蜂,女人的好處就得不著,女人的壞處就使他犧牲了。── 到這裡,我打住不說了!」

顯然,這封信的落腳點是在「女人的壞處就使他犧牲」上。只是,冰心所暗示的「女人」是誰,想必梁實秋和她都心照不宣。

在徐志摩詩歌創作的鼎盛時期,與他走得最近的有三個女人,即陸小曼、林徽因、凌叔華。而最終的結局是,陸小曼嫁給了徐志摩,林徽因嫁給了梁思成,凌叔華嫁給了陳西瀅。

冰心為徐志摩鳴不平,認為女人利用了他、犧牲了他,其中大概也包括林徽因。徐志摩幾次追求林徽因盡人皆知,為了趕林徽因的講座在大霧中乘飛機,在當時也流傳甚廣。梁從誡承認:「徐志摩遇難後,輿論對林徽因有著不小的壓力。」

只是,冰心從不承認《我們太太的客廳》是在影射林徽因,在公眾場合提起林徽因,也是一團和氣。1987年,冰心在談到近年來的女作家時提到了林徽因,說:「1925年我在美國伊薩卡會見了林徽因,那時她是我的男朋友吳文藻的好友梁思成的未婚妻,也是我所見到的女作家中最俏美靈秀的一個。後來,我常在《新月》上看她的詩文,真是文如其人。」

1990年代初期，冰心在一次採訪中說，《我們太太的客廳》諷刺的不是林徽因，而是陸小曼。只是，小說中「我們的太太」和陸小曼實在沒什麼瓜葛，冰心不過是在使用障眼法罷了。

如今，斯人已逝，孰是孰非，早已如一縷塵煙，在歲月的光影裡漸漸模糊。

冰心多壽多福，一直活到1999年，以九十九歲中國文壇祖母的身分與聲譽撒手人寰，差一點橫跨了三個世紀。林徽因比冰心小四歲，卻命途多舛，天不假年，早早於1955年五十一歲時駕鶴西去。恩怨糾葛也好，憤憤不平也罷，歷史給世間留下的，終是一聲悲嘆。

追尋夢想，篤定內心

女子，心懷夢想，內心篤定，舉手投足之間便有一種奇特的光芒，那是一種如水般堅韌的力量，能穿透所有的阻礙，抵達彼岸。她的一生微瀾起伏，又清麗明朗，如詩一般，既有慷慨纏綿的夢殘歌罷，又有奔放輕盈的澎湃激昂，在詩意的世界，涓涓流淌。於她而言，「建築」是另外一個世界，凝固的詩。

1932－1935年，林徽因和梁思成等一群中國營造學社的同學進行野外勘察，以考察古建築為主。當時，中國營造學社是一個私立機構，創始人朱啟鈐曾在北洋政府擔任交通總長、內

務總長、代理國務總理，他下臺後，創辦了中國營造學社，專門研究中國古代建築。

1931年，梁氏夫婦離開東北大學回到北平，加盟中國營造學社，梁思成任研究部主任，林徽因擔任校理。中國營造學社的考察，從1932年夏天開始，他們的第一個目標是平郊的古建築。1932年6月11日，梁思成帶著營造學社一個年輕社員和一個隨從前往這次野外考察的第二站——寶坻的廣濟寺。他在《寶坻縣廣濟寺三大士殿》中記錄了這次考察的收穫：

「抬頭一看，殿上部並沒有天花板，《營造法式》裡所稱『徹上露明造』的。梁枋結構的精巧，在後世建築物裡還沒有看見過，當初的失望，到此立刻消失。這先抑後揚的高興，趣味尤富。在發現薊縣獨樂寺幾個月後，又得見一個遼構，實是一個奢侈的幸福。」

然而此時，林徽因並沒有和丈夫共同感受這種幸福，因為她這時已懷有身孕，還有兩個月，他們的兒子即將出生。

雖然不能跟隨丈夫去實地考察，但林徽因還可以用另一種方式參與、支持梁思成的事業——撰寫建築論文或著作。夫妻倆於1932年共同撰寫了《平郊建築雜錄》。林徽因在開篇寫道：

「這些美的存在，在建築審美者的眼裡，都能引起特異的感覺，在『詩意』和『畫意』之外，還使他感到一種『建築意』的愉快。」

……

無論哪一個巍峨的古城樓,或一角傾頹的殿基的靈魂裡,無形中都在訴說,乃至於歌唱,時間上漫不可信的變遷;由溫雅的兒女佳話,到流血成渠的殺戮。他們所給的『意』的確是『詩』與『畫』的。但是建築師要鄭重鄭重地宣告,那裡面還有超出這『詩』、『畫』以外的『意』存在。」

以優美的文筆和富有創造性的文字委婉地描述枯燥的古建築,把科學考察報告寫得像散文一樣具有可讀性,這是林徽因對於丈夫最好的幫助,也是她作為一個建築學者的獨特貢獻。

同年,林徽因又發表了《論中國建築之幾個特徵》:

「因為後代的中國建築,即便達到結構和藝術上極複雜精美的程度,外表上卻仍呈現出一種單純簡樸的氣象,一般人常誤會中國建築根本簡陋無甚發展,較諸別系建築低劣幼稚。這種錯誤觀念最初自然是起於西人對東方文化的粗忽觀察,常作浮躁輕率的結論,以致影響到中國人自己對本國藝術發生極過當的懷疑乃至於鄙薄。……外人論著關於中國建築的,尚極少好的貢獻,許多地方尚待我們建築家今後急起直追,搜尋材料考據,作有價值的研究探討,更正外人的許多隔膜和謬解處。」

林徽因的論述也解釋了,為什麼她和梁思成不利用自己的專業去做工程、做設計,輕鬆快速地賺錢(當時北平只有兩家華人創辦的建築事務所,以梁林兩人的留學背景,做這樣的事情輕而易舉),而是選擇了冷門的東方古建築作為研究對象。

如果說，文學是林徽因的摯愛，那麼，建築亦是她畢生都無法割捨的事業。1932年8月，梁家的第二個孩子梁從誡出生後不久，林徽因便迫不及待地加入營造學社的考察隊伍。她和丈夫一起跋山涉水、風餐露宿，輾轉於窮鄉僻壤、荒郊野外，開始詳細考察中國的古建築。

為理想獨行

說到底是堅毅鏗鏘的女子，有為理想孑然而走的勇氣，亦有對夢想的堅持與忍耐。她是那個時代裡，優雅明麗的美好。

1933年，林徽因開始了她的古建築考察工作。雲岡石窟，便是其中一次重要的考察。

當火車駛入大同站時，梁思成、林徽因等營造學社的同事看到眼前的景象都愣住了。他們無法相信，這般破敗的景緻就是曾經恢宏一時的遼、金兩代的陪都──西京。從火車站廣場上望出去，沒有幾座像樣的樓房，大都是些窯洞式的平房，滿目敗舍殘牆。大街上沒有一棵樹，塵土飛揚直瞇眼睛。

車站廣場上聚集著許多駱駝運送隊伍。林徽因頭一回看到大群大群的駱駝，成百上千的駱駝一隊隊擁進來。這些傲岸而沉默的生物的影子，被9月的夕陽拉得長長的，駝鈴蒼涼地震響了乾燥的空氣。這大群的駱駝總是讓人想起遠古與深邃，想起大漠孤

煙與長河落日，這情景，彷彿是從遙遠年代飄來的古歌。

林徽因、梁思成加上劉敦楨和莫宗江一行四人，沿著塵土飛揚的街道找尋旅館，強烈的駱駝糞尿氣味熏得他們捂著鼻子直咳嗽。偌大一個城市，竟然找不到一家能夠棲身的旅館。街上全是類似公路休息站的簡陋的旅社，穿著羊皮服的駱駝客成幫結夥地蹲踞在店舖的門口，呼嚕呼嚕喝著盛在粗瓷藍花大碗裡的玉茭稀粥，剃得精光的頭頂冒著熱氣。

出大同城西十六公里，便是雲岡石窟。

石窟依武周山北崖開鑿，面朝武烈河，五十多個洞窟一字排開。這座石窟開鑿於北魏文成帝和平元年（西元 460 年），與中原北方地區的洛陽龍門石窟和西北高原的敦煌莫高窟，一同被列為中外知名的「三大石窟」。

《魏書‧釋老志》記載，北魏和平年間（西元 460－465 年），高僧曇曜在京城郊外武周塞主導開鑿了五座石窟，即雲岡十六至二十窟，後人稱「曇曜五窟」，是雲岡石窟群中最早的五窟。其他各洞窟完成於北魏太和十九年（西元 495 年）遷都洛陽之前。其主要洞窟大約在四十年間建成。

北魏地理學家酈道元在《水經注‧㶟水》中寫道：「鑿石開山，因岩結構，真容巨狀，世法所希。山堂水殿，煙寺相望，林淵錦鏡，綴目新眺。」使後人可窺當時之盛況。

雲岡石窟的開鑿，不憑藉天然洞窟，完全以人工闢山鑿

洞。曇曜五窟，平面呈馬蹄形，彎窿是苦行僧結茅為廬的草廬形狀，主佛占據洞窟的絕大部分空間，四面石壁雕以千佛，使朝拜者一進洞窟必須仰視，才得窺見真容。這五尊佛像，是曇曜和尚為了取悅當時的統治者，模擬北魏王朝五位皇帝的真容而雕鑿的。主佛像高大威嚴，充滿尊貴神聖的氣息。

正當一行人為眼前的壯美景象而驚嘆時，遠處彷彿響起了《華嚴經》。排簫、琵琶、長笛奏出的美妙仙樂在耳畔繚繞。這穿越了一千五百年時光的聲音沒有絲毫的消損，仍然**轟轟烈烈**地震盪著世人的靈魂。

在這被千年光陰雕刻的石窟裡，營造學社一行人對其開始進行素描與拓片。接著，他們又去了巨剎華嚴寺和善化寺。這項工作結束後，梁思成和莫宗江要去應縣考察木塔，林徽因和劉敦楨返回北平，整理資料。

1934 年夏天，梁氏夫婦繼去年 9 月雲岡石窟的考察之後，又來到山西呂梁山區的汾陽。

他們原本計劃到北戴河度假，臨行時，費正清和夫人費慰梅告訴他們，美國傳教士朋友漢莫在山西汾陽城外買了一座別墅，梁思成也想到洪洞考察，兩地相距很近，於是便一同前往。

這是他們的第二次山西之行。雖名為消暑避夏，怎奈夫婦二人一看到古建築就邁不開腿，把度假變成了工作。費正清回憶道：

「菲莉斯（注：林徽因英文名）穿著白褲子，藍襯衫，與穿著卡其布的思成相比更顯得清爽整潔。每到一座廟宇，思成便用他的萊卡照相機從各個方位把它拍攝下來，我們則幫助菲莉斯進行測量，並按比例繪圖，工作往往需要整整一天，只是中午暫停下來吃一頓野餐。思成雖然腳有點跛，但他仍然能爬上屋頂和屋樑拍照或測量。」

在費氏夫婦的協助下，梁思成、林徽因對太原、文水、汾陽、孝義、介休、靈石、霍縣、趙城一帶汾河流域的古代寺廟進行了一系列的考察，發現古建築四十餘處。這次考察最有價值的發現，莫過於趙城的廣勝寺和太原的晉祠。1935年3月，林徽因與梁思成把這次山西之行的成果寫成了《晉汾古建築預查紀略》。

「小殿向著東門，在田野中間鎮座，好像鄉間新娘，滿頭花鈿，正要回門的神氣。

……

我們夜宿廊下，仰首靜觀簷底黑影，看涼月出沒雲底，星斗時現時隱，人工自然，悠然融合入夢，滋味深長。

……

後二十里積漸坡斜，直上高崗，盤繞上下，既可前望山巒屏嶂，俯瞰田隴農舍，及又穿行幾處山莊村落，中間小廟城樓，街巷裡井，均極幽雅有畫意。」

《晉汾古建築預查紀略》是梁、林二人合寫的。在他們眼裡，一磚一瓦皆是情，是生命的存在，亦是詩意的想像。

對話寧公遇

為信仰出走，終是快樂且無畏的。那份對理想事業的執著與眷戀，便是這艱辛的旅途上，最好的慰藉。

考察古建築，必是一項艱苦的工作。1936 年 5 月 28 日，梁氏夫婦和營造學社的同事去河南洛陽龍門石窟、開封及山東歷城、章丘、泰安、濟寧等處進行古建築考察。在寫給妹妹梁思莊的信中，林徽因道出了旅途的辛苦：

「出來已兩週，我總覺得該回去了，什麼怪時候，趕什麼怪車都願意，只要能省時候。……

每去一處都是汗流浹背的跋涉，走路工作的時候又總是早八至晚六最熱的時間裡，這三天來可真真累得不亦樂乎。吃得也不好，天太熱也吃不大下。因此種種，我們比上星期的精神差多了。……

整天被跳蚤咬得慌，坐在三等火車中又不好意思伸手在身上各處亂抓，結果渾身是包！」

舟車勞頓不過是其中的一部分，除此之外，還要對發現的古建築進行拍照、測量、繪圖、整理等工作，絕非易事。

到 1937 年，梁思成帶著營造學社的同事幾乎跑遍了整個華北地區。雖然有很多驚喜發現，但不得不面對一個令人揪心的事實：「迄今發現的所有木結建構築都是宋遼以後的遺存。」日本學者曾經斷言，中國已經不存在唐代以前的木結建構築，只有在奈良才能看到真正的唐代建築。營造學社的努力似乎也印證了這個尷尬的現實。

但是梁思成和林徽因一直沒有放棄希望。他們以科學家的敏感認定，在中國某一處，一定還存有真正的唐代建築。眼下戰亂紛紛，他們被迫加緊了考察的步伐。在那個兵荒馬亂的年代，梁氏夫婦這份對建築極其誠摯的態度與開拓精神，成就了他們人生裡，最美的一抹光影。

1937 年 6 月，他們先坐火車到太原，而後轉乘汽車抵達五臺縣，再從那裡騎乘騾轎，在崎嶇陡峭的山路上走了整整兩天，終於到達佛光寺。

考察這座寺廟的契機很偶然。梁思成和林徽因無意間在法國漢學家伯希和（Paul Pelliot）的《敦煌石窟》一書中，發現了兩幅描繪佛教聖地五臺山全景的唐代壁畫，壁畫描繪了五臺山的山川與寺廟，並標注了寺廟的名稱。這燃起了他們內心深處殘存的希望。因此，二人決定前往大山深處，試圖挖掘唐代木結建構築的殘跡。

眼前的佛光寺業已失去往昔的光彩。推開沉重的殿門，黑

暗的屋頂藻井是一間黑暗的閣樓，厚厚的塵土在藻井上累積了千年。

成千上萬隻黑色的蝙蝠倒掛在屋檁上，塵土中還堆積著許多蝙蝠的死屍。蝙蝠聚集在黑暗的角落，三角形的翅膀搧動著令人窒息的塵土和穢氣。藻井裡到處爬滿了臭蟲，牠們以吸食蝙蝠血為生。

這光景，恐怖又淒涼。

梁思成和林徽因戴上口罩，便開始測量、記錄和拍照。驚起的蝙蝠在他們周圍飛來撞去，他們也視若無睹。在嗆人的塵土和難耐的穢氣中待了幾個小時，他們的身上和背包裡都爬滿了臭蟲，渾身奇癢難耐。

在殿堂工作了三天，他們的眼睛已適應了屋頂昏暗的光線。終於，林徽因在大殿一根主梁上發現了一行模糊的刻字：「女弟子寧公遇」。在與大殿外經幢上刻著的「佛殿主上都送供女弟子寧公遇」幾個字進行比對時，他們最終確定，先前在大殿中見到的那尊身著便裝、面目謙恭的女人坐像，並不是寺僧所說的「武后」塑像，而是這座寺廟的女施主——寧公遇夫人。

寧公遇夫人曾捐出家產修築這座寺院，當寺院落成時，她也把自己永遠地留在了這裡，日日傾聽著暮鼓晨鐘和誦經聲，謙卑地守護著繚繞的香火和青燈黃卷。

如今，這座寺廟已經有超過一千年的歷史，是梁思成等人

歷年搜尋考察中，所找到的唯一一座唐代木結構建築，比他們以前發現的最古老的建築還要早一百多年。不僅如此，他們還在這裡發現了唐代的壁畫、書法、雕塑。

1937年7月的五臺山佛光寺考察是東方建築史上最偉大的發現。另外，還有唐代塑像三十餘尊和一小幅珍貴的唐代壁畫與大殿一起被發現。這是除敦煌以外，梁思成所知道的中國本土唯一現存的唐代壁畫。

離開之前，梁思成為林徽因和「女弟子寧公遇」的塑像拍了一張合影。一千年過去了，女建築學家林徽因和佛光寺的寧公遇夫人相遇，從彼此的沉默裡，我們讀到了女性的堅韌、虔誠與肅穆。

執筆留史

建築是林徽因畢生的事業，愛情則是她此生永恆的守護。她願意將理想放逐於天地，也甘願成為愛人背後的女人。

1939年，南京中央博物院籌備處聘請梁思成擔任建築史料編纂委員會主任，梁思成和林徽因開始了書寫中國建築史的構思。

1941年，正當兩人著手整理資料時，他們得知，1939年天津的一場大水，將他們存放於銀行地下保險庫的所有建築考察

資料毀於一旦。

當時，正在李莊的夫婦倆便決定就隨身攜帶的資料，和營造學社的同事們一起，全面系統地總結、整理他們的考察成果，開始撰寫《中國建築史》。同時，他們還打算用英文撰寫說明並繪製一部《圖像中國建築史》。

在工作中，梁思成的脊椎病復發，因為怕寫作時身體不支，只好用一個玻璃瓶墊住下巴。林徽因此時的肺病也越來越嚴重，時常大口地咳血，大部分時間只能在床上倚著被子半躺半坐。

即便如此，她仍為《中國建築史》傾注了大量心血。林徽因翻譯了一批英國建築學期刊上的學術論文，請丈夫從史語所幫她借回來許多書，通讀二十四史中關於建築的部分，幫助丈夫研究漢闕、岩墓。

用金岳霖的話，林徽因那段時間「全身都浸泡在漢朝裡了，不管提及任何事物，她都會立刻扯到那個遙遠的朝代去，而靠她自己是永遠回不來的」。梁思成在這段時間給費正清寫的信中也提到了這件事情：

「這些日子裡，她對漢代的歷史入了迷。有人來看她時，無論談到什麼話題，她都能連結到那個遙遠的朝代去。她講起漢代的一個個帝王將相、皇后嬪妃，就像在講自己最要好的朋友一樣熟悉。她把漢代的政治經濟、禮儀習俗、服飾宴樂與建築

壁畫結合在一起進行研究，做了大量的摘錄和筆記。她甚至想就這段歷史寫一部劇本。」

戰時經濟困難，梁思成的中國營造學社已經納入正式編制，學社的同事有了固定的薪資，一些資助也陸續到位。林徽因特別高興，她寫信給費慰梅，難掩喜悅之情：

「思成的營造學社已經從我們開始建立它時的戰時混亂和民族災難聲中的悲慘日子和無力掙扎中走了出來，達到了一種全新的狀態。它終於又像個樣子了。同時我也告別了創作的舊習慣，失去了和那些詩人作家朋友們的聯繫，並且放棄了在我所喜愛的並且可能有某些才能和穎悟的新戲劇方面工作的一切機會。」

這或許就是我們時常念叨的相依相偎、肝膽相照的愛情吧，志同道合又惺惺相惜，一切因你而值得。愛一個人，定是愛著他的愛。看著對方做自己喜歡的事，自己也恨不能貢獻自己的所有力量。

梁思成在給費正清的信上曾說：

「很難向你描述也是你很難想像的：在菜油燈下做著孩子的布鞋，購買和烹調便宜的粗食，我們過著我們父輩在他們十幾歲時過的生活但又做著現代的工作。有時候讀著外國雜誌看著現代化設施的彩色繽紛的廣告真像面對奇蹟一樣。……我的薪水只夠我家吃的，但我們為能過這樣的日子而很滿意。我的迷

人的病妻因為我們仍能不動搖地幹我們的工作而感到高興。」

雖然肺病纏身,但林徽因全然忘我地將自己投入工作中,承擔了《中國建築史》全部書稿的校閱,並執筆寫了書中的第六章宋、遼、金部分。

在這部分中,僅是中國的塔,她就列舉了蘇州虎丘塔、應縣木塔、靈岩寺闢支塔、開封祐國寺鐵色琉璃塔、涿縣(今涿州市)北塔及南塔、泰寧寺舍利塔、臨濟寺青塔、白馬寺塔、廣惠寺華塔、晉江雙石塔、玉泉寺鐵塔等數百種,並細心地研究了它們各自的建築風格、特點、宗教意義。

儘管身體承受著痛苦,但梁思成和林徽因在工作中得到了極大的安慰,投入創作中時,他們忘記了病痛,忘記了時間。

1946年4月,《中國建築史》編撰完成。它的問世,結束了沒有中國人寫的中國建築史的缺憾,糾正了西方人對東方建築藝術的偏見。

最後,這部劃時代著作的作者署名是「梁思成」。林徽因收集資料、提供靈感、執筆寫作、文字加工,到最後校對書稿,並親自用鋼板和蠟紙刻印,卻不曾署名。在她心中,丈夫梁思成應該享有這份成就與榮耀。他好,就是她好。

所以,梁思成在《圖像中國建築史》一書的前言裡說:「我要感謝我的妻子、同事和舊日的同窗林徽因。二十多年來,她在我們共同的事業中不懈地貢獻著力量。……沒有她的合作與

啟迪,無論是本書的撰寫,還是我對中國建築的任何一項研究工作,都是不可能成功的。」

　　寫詩,她耳濡目染,有感而發,不過靈氣使然,在現代文學中留了精美的一筆。建築,她傾心熱愛,一生不悔。或許對她來說,這已不僅僅是一項事業,而是與梁思成愛情的見證和根基。

靜謐中堅強

　　一季光陰，悠悠老去。愛的心湖，在歲月裡泛起層層暖意。好的愛情，定是這般靜氣，亦如梁思成和林徽因。無須快意恩仇，情感氾濫，只要十指相扣，輕執杯盞，在每一個黃昏日落，靜候煙霞，安靜到無言。

　　他不浪漫，無法點燃她如火的熱情，只如一顆星辰，甘願隱沒在她的光芒裡，用自己的深情，伴她走過地老天荒。流年心事，她曾為他說出一句話：「我得用一生去回答你。」生死相依，不離不棄。

　　從執子之手走向與子偕老，他們相偎相依，溫柔了一世的光景。也許，在林徽因眼裡，她只是做了一個妻子該做的一切，默默陪伴，用愛守護一個家。無論逆境還是順境，都要從容優雅，亦如這句話：「溫柔要有，但不是妥協，我們要在安靜中，不慌不忙地堅強。」

　　歲月帶走了她的親人，磨蝕了她的容顏，卻終究沒有枯萎她的才情。那些如夢的詩語，是她散落的心事，化作一泓清水，一縷心音，柔軟了塵世裡，多少倦怠的心。

　　庭院靜好，歲月無驚。此情，唯美；此景，心醉。

硤石之痛

人總是要各自飛行，旅途的同伴會生病，會衰老，會離去……但我們並不孤單，即使要天各一方，天空也依舊留下了自己愛過的痕跡。那些與自己有過交集的人，終有一天會化成一句詩、一幅畫或是一段故事。人總是要各自飛行，緣來緣去，何必強留？

徐志摩去世三年後，林徽因和丈夫梁思成在路過徐志摩的家鄉硤石時，她不由得陷進回憶：

「我是天空裡的一片雲，

偶爾投影在你的波心——

你不必訝異，

更無須歡喜——

在轉瞬間消滅了蹤影。

你我相逢在黑夜的海上，

你有你的，我有我的，方向；

你記得也好，

最好你忘掉，

在這交會時互放的光亮！」

都說，徐志摩的這首詩是為她而寫，都說，是她成就了徐

志摩生命裡最美麗的初戀，但誰又能說，那次生命的偶然相交，沒有成全現在的林徽因？

他教會她愛情的第一種滋味，也教會她詩的浪漫與美麗。但是為什麼，徐志摩為了她飄洋過海追過來，用情之深感天動地，卻依然無法感動她與自己在一起？林徽因一向理智，她懂得哪一種選擇對女人而言更適合。所以，儘管日後與梁思成的生活少了多彩的顏色，但終究是安穩妥貼。只是，選擇了徐志摩的陸小曼，多了熱烈，卻也惹了愁端。

林徽因從來沒有說過她愛徐志摩，只是，這無意經過硤石時動心的一瞬，便已洩露了她從不言明的祕密。她眼前浮現出那張孩子似的臉，淺淺笑著。是笑那些在他離開後，世人對他的評價嗎？他是從不介意這些評價的人。

在許多淺陋刻薄的攻訐面前，徐志摩表現出的，往往是憐憫原諒；他彷彿永遠潔淨著心靈，高高抬頭，用完整的誠摯信念支撐他心中的勇氣。這是林徽因眼中的徐志摩。然而，就是這樣的徐志摩，最終也不得不在他的理想之下低頭。

> 火車擒住軌，在黑夜裡奔：
> 過山，過水，過陳死人的墳；
> 過橋，聽鋼骨牛喘似的叫，
> 過荒野，過門戶破爛的廟，
> 過池塘，群蛙在黑水裡打鼓，

靜謐中堅強

過嘆口的村莊，不見一粒火；
過冰清的小站，上下沒有客，
月臺袒露著肚子，像是罪惡。
這時車的呻吟驚醒了天上
三兩個星，躲在雲縫裡張望：
那是幹什麼的，他們在疑問，
大涼夜不歇著，直鬧又是哼，
長蟲似的一條，呼吸是火焰，
一死兒往暗裡闖，不顧危險，
就憑那精窄的兩道，算是軌，
馱著這份重，夢一般的累墜。

……

　　林徽因靜靜望著窗外，火車已經向前開動，帶她離開這座偶然的小城。松林在黑夜裡嘆息，往事沉在暗夜裡，模糊不可辨。風凜冽地撞開她的心，彷彿要吹盡心頭的熱情。身邊的丈夫只是靜靜陪著她，為她披上一件外衣。

　　林徽因知道，徐志摩離開得太早。世人惋惜，但對他自己而言又何嘗不是一種解脫。徐志摩的生命，唯其短暫，所以可觀。他在那短短的一生裡，便經歷了其他人用長長一輩子都未必能嘗遍的——愛恨嗔痴。

　　他太不一樣，與時代格格不入。無論後人對這個時代有怎

樣的評價，頹廢也好，赳赳霸氣也罷。那似乎都不像是徐志摩的年代。他浪漫但不頹廢，他有志氣卻不霸氣，寫的文章諷刺的、誇讚的都很到位，但都透著紳士氣，平靜而溫和。

他愛水，愛空中的飛鳥，愛車窗外急閃而過的田野山水。星光的閃動、草葉上露珠的顫動、花瓣在微風中的搖動、雷雨時雲空的變動、大海中波濤的洶湧，都是觸動他感情的情景，都是他的靈感。

林徽因知道，此刻的徐志摩，正享受著生命中難得的平靜。現在，他與青山同體，坐擁心中最美的風景。

無言的平和與靜美

有人說衡量一位女性有多大魅力，看看她身邊的男性素養如何就知道了。這麼說的話，林徽因必定是個魅力超凡的女性了。建築學家梁思成是她的丈夫，新月派詩人徐志摩是她的知己。還有一位一直與林徽因有著聯繫的優秀男人，就是「擇林而居」的哲學家金岳霖。

他的心是一葉孤舟，停在時間的汪洋裡，終其一生，與她隔岸相望。

金岳霖愛林徽因，真真切切。他的愛，不曾驚豔於世，卻伴隨他愛的人，走過青絲韶華，日日年年。

金嶽霖年長林徽因九歲。他自幼聰敏，小小年紀便考進清華大學，1914年畢業後留學英美。剛到美國，他在家人的安排下選擇了商科，後來到哥倫比亞大學改學政治學，僅兩年就拿到了博士學位。結束了美國的短期任教，金岳霖遊學歐洲近十年，其間，他轉攻邏輯學，並將其視為自己的終生事業。

自歐洲回國後，金岳霖執教於清華大學哲學系。在清華教書時，他總是一身筆挺的正裝，打扮入時。當時，金岳霖只有三十出頭，這個受了十幾年歐洲文化薰陶的年輕人儀表堂堂，很有紳士派頭。邏輯學這門年輕的學科，差不多便是這位年輕的學者引進中國的。時人有言，如果東方有一個哲學界，那麼金嶽霖當是哲學界之第一人。

這樣風度翩翩、才情斐然的男子，怎能不俘獲女人的芳心？早在英國讀書時，金岳霖就受到不少外國女同學的愛慕。據傳，一位金髮美人甚至還跟隨他回到了中國，並與之同居。然而，關於他們的戀情，文獻中記載甚少。

世間的愛情大抵如此，有的封存於歲月深處，無影無蹤，有的，便成了紅塵舊事裡，不可言傳的平和靜美。如，他與林徽因。

金岳霖對林徽因的才華、人品讚不絕口，對她本人亦是呵護有加。徐志摩去世後，金、林二人的交往越發親密。她深知，除了梁思成，再也沒有人能像金岳霖這般，疼惜她、愛護她。

無言的平和與靜美

他愛了林徽因一生，且與梁氏夫婦感情深厚，一輩子「擇林而居」。

金岳霖晚年回憶說：「他們住前院，大院；我住後院，小院。前後院都單門獨戶。1930年代，一些朋友每個星期六都有集會，這些集會都是在我的小院裡進行的，因為我是單身漢。我那時吃洋菜，除了請了一個拉人力車的外，還請了一個西式廚師。『星期六碰頭會』吃的咖啡冰淇淋和喝的咖啡都是我的廚師按照我要求的濃度做出來的。除早飯在我自己家吃外，我的中飯、晚飯幾乎都搬到前院和梁家一起吃。一有機會，我就住他們家。」

說到底是坦蕩君子。終於，他將這愛告知於她，只是傾訴，不求回答。這倒難為了她，眼前這個富有才華、溫柔、有紳士風度的男子，早已使她的內心泛起了波瀾。只是，她用自己飄逸優雅的姿態，隱藏了對於這份愛情的顧盼。

金岳霖的心是赤誠的，林徽因對他的感情也是清潔無塵。對於梁思成，他們也從未隱瞞。三個人一直相依相伴，是那個年代裡最真誠、高潔的存在。

梁氏夫婦在李莊時，金岳霖得知林徽因生病的事，恨不能長出翅膀飛過去看望病重的老友。見到林徽因第一眼時，她枯瘦如柴，面色蒼白，這讓他的心裡愧疚不已，第二天便去集市買了十幾隻剛出生的小雞替她送去，說是要養雞下蛋，為大人

和孩子改善伙食，補充營養。

梁思成、林徽因和金岳霖，他們的關係，與其說是朋友，倒不如說是親人。他們心心相印，患難與共。這份情義，深厚篤信。林徽因在給費慰梅寫信時，曾這樣描述三個人在李莊的生活：

「思成是個慢性子，願意一次只做一件事，最不善處理雜七雜八的家務。但雜七雜八的事卻像紐約中央車站任何時候都會到達的各線火車一樣衝他駛來。我也許仍是站長，但他卻是車站！我也許會被碾死，他卻永遠不會。老金（正在這裡休假）是那樣一種過客，他或是來送客，或是來接人，對交通略有干擾，卻總能使車站顯得更有趣，使站長更高興些。」

晚年時，曾有人請求金岳霖替再版的《林徽因詩集》寫一些話。他考慮良久，拒絕了。「我所有的話都應當讓她自己說，我不能說。」他停頓一下，又補充道：「我沒有機會和她自己說的話，我不願意說，也不願意有這種話。」

林徽因去世後，他從未與他人談起對她的思念。曾有記者拿出一張泛黃的林徽因年輕時的照片，向他詢問拍照的時間背景，這位耄耋之年的老人或許是從未見過，仔細端詳著，喉嚨哽咽，半晌沉默無言。繼而，他微微抬起頭，像是小孩求情似的說：「給我吧！」

情至這般，叫人感動嘆惋，疼痛酸楚。

在林、梁、金三人中，金岳霖最長壽，享年八十九歲。晚年，金岳霖和林徽因的兒子梁從誡生活在一起，從誡以「尊父」之禮事之，稱之為「金爸」。金岳霖去世後，梁從誡夫婦處理了「金爸」的所有後事，並將他與父母安葬於一處，讓他們再次「毗鄰而居」。

守著一脈深情，他一世無憾，無悔。

隱匿的心事

愛情的形式並不完全千篇一律，無論是長久的溫存，還是短暫的相遇，又或是無可奈何的遺憾，這一切，都能稱為愛情。

金岳霖愛上林徽因時，她已和梁思成有了一個幸福的家庭。兩個情深意重的男子，一個給了她穩定的生活，一個則填補了她內心渴望的愛情。該如何抉擇？林徽因曾苦惱不已，她坦白告訴丈夫，自己同時愛上了兩個人。

那一晚，梁思成徹夜無眠。

第二天，他向林徽因表達了自己的態度：「妳是自由的，如果妳選擇了金岳霖，我祝你們永遠幸福。」一句話，看似風輕雲淡，卻字字關情。這或許是一個丈夫對妻子最寬宏的愛了吧，不索取不佔有，只願妳一世安好，便心滿意足。

聽完林徽因的轉述，金岳霖說：「思成能說這個話，可見他

是真正愛著妳，不願妳受一點點委屈。我不能傷害一個真正愛妳的人，我退出吧。」

此後，他與梁林夫婦毗鄰而居，且終身未娶。

愛她，就成全她。如此氣度，讓遇見他的人無不心生敬意與憐惜。

愛情不論時間長短、結果如何，都是美好而令人回味的。人生若只如初見，何事秋風悲畫扇。初見驚豔，再見亦然，縱使相見恨晚，這場相遇也依然是夕陽下一道溫柔的晚霞，讓人心醉沉迷。喜歡一個人、愛一個人，是一件深厚久遠而又私密的事，它可以是一生一世一輩子。聰明如林徽因，她知道，這樣的愛情只能收納於心，在那幽謐的花園裡，靜靜盛開。或許是因為太清醒，所以，她終於選擇將這稠密的心思隱於微笑，隱為靜默。

人生自是有情痴，此恨不關風與月。喜歡或者愛，於用情至深之人，是千鈞的重量。它是付出，而非索取，是包容，而非要求。就像金岳霖，永遠等在林徽因必經的路旁，傾其一生，默默守候。他說林徽因：「別人聰明不過妳，也笨不過妳」，他還說，「一離開梁家，就像丟了魂似的」。他的愛猶如懸崖上綿延無絕期的花，妖嬈驚豔，卻從未想過被人採擷，而是自顧自地芬芳了他記憶中最美的年華。

都說愛情會把人掏空，彷彿無法與心愛的人在一起，便會

心死成灰，彷彿愛人心裡留有另一個人的位置，就要拚了命地斬草除根。只是，人的一生不會只愛一次，愛情就像廣袤的大海，承載了每一段細水長流的感情，那個在你心裡留下位置的人，只是以某種方式被我們默默珍藏。

好的愛情，都值得珍藏。

初見燦若桃花，驀然回首，已是滄海桑田。她的美，直抵人心，而他，眼見滾滾紅塵呼嘯而過也可以不為所動。他的深情，就是她的心債。無情未必真決絕，想那時光氤氳中的你與我，留戀過、惋惜過，卻甘願在這一刻，任淚水溼了眼眸，也不要說破。

最美的季節，我在你眼中看到了自己。那些隱匿的心事，你知，我知，流年亦知。是是非非，不說也罷。

如水的力量

林徽因具備一個女人獨有的魅力，不但能征服男人，也能贏得其他女性的傾慕。

她是別人眼中「一位高雅的、可愛的姑娘，像一件精美的瓷器」，她「相貌又極美，真像是從天而降的仙女」、「每次她一到校，學校立即轟動起來，她身著西服，腳穿咖啡色高跟鞋，摩登，漂亮，而又樸素高雅」。就連梁思成的續絃林洙也對丈夫的

亡妻讚嘆有加：

「她是我一生中所見到的最美、最有風度的女子，她的一舉一動、一言一語，都充滿了美感，充滿了生命，充滿了熱情。」

透過別人對林徽因的評價，大概能想像，這個女人有著怎樣靜美的氣質，才叫人誇讚不已。

林家有女初長成。

當其他女孩還沉浸在瑣碎的家庭生活中時，林徽因已經選擇在更廣闊的天地裡實現自己的抱負。

她是一個混合體，是邏輯嚴謹的建築師，亦是感情細膩的詩人。面對徐志摩與金岳霖的追求和守護，她表現出令人驚異的理智，選擇了志同道合的梁思成做丈夫。她的外表和性格也是矛盾的，人美如花，心思縝密，卻有著男人般豪爽的性格、高傲的眼界。我們可以肯定地說，林徽因絕對沒有辜負梁思成。無論是車禍之後的精心照料，還是二人結婚之後的夫唱婦隨。人們知道梁思成在建築上的成就，但若沒有林徽因相伴，梁思成的成就也許不會如此耀眼。林徽因在丈夫的研究中，做了大量不為人知的工作。一切都是默默地進行，她沒有署上自己的名字。因為她與梁思成早已不分彼此。

難怪人們說，像女人的女人，魅力並不致命，像男人的女人才最要命。林徽因就是這樣，不但能和男性建立純粹的友誼，與他們共同暢想人生，同時，又能把握自己的情感，使它不流於

輕浮，不會在如洪流般的情感中沉淪。

林徽因把聰慧這個詞領悟得很好，任何時候，任何境況，她都不會讓自己的生活失控，讓自己過於狼狽。

在民國那如夢似幻的黑白剪影裡，美貌與才華兼備的女人不止林徽因一個，引人入勝的愛情故事也不止這一樁。阮玲玉、張愛玲、蔣碧薇、蕭紅⋯⋯她們有出眾的天賦和才華、令人羨慕的容貌與智慧，卻總是因為愛情，傷了自己。大概是那份在愛情裡的執著太過鋒利，硬生生割斷了聰慧的弦，她們才變「傻」了，被傷了。

但林徽因，卻是民國才女中的異類。

世界上最堅韌的不是石頭，是水，她就像流水，靈活柔軟地避開了執著的利刃，從那風花雪月的迷陣中，全身而退。

不得不承認，無論在生活上還是在感情上，女人都比男人需要更多的智慧。她既要能巧妙地躲過路邊的荊棘，同時又不至於劃傷自己，還要在每次起程時有不畏不懼的勇氣，這一切，真的不容易。

林徽因是一位複雜的女性。她善良、聰慧，用現代的話說是情商極高，她能理解對方，為對方設身處地地著想，從不會嘲笑別人。但從另一方面看，她又是那麼的理智甚至冰冷無情。面對熱烈追求的徐志摩她能決然地轉身，面對默默守護的金岳霖她以禮相待，面對丈夫的寬容呵護她也能坦然相告「我同

時愛上了兩個人」。

　　從某種程度上來說，林徽因算得上是愛情的終結者吧！她不是一個特別適合談戀愛的人。戀愛大概是屬於徐志摩、陸小曼那一類人的，赴湯蹈火，無怨無悔，蠟炬成灰淚始乾。而林徽因的性格中占上風的始終是理智。她是一個特別清醒、特別從容的人，不會為了某種情緒讓自己深深沉淪。她有屬於自己的堅持和原則，有自己獨立的空間。所以她能留下許多的瞬間和剪影，有些人記住的是她的柔情婉轉，有些人記住的是她的淡然自若，有些人記住的是她的熱情執著。或許正是由於她的複雜、不可名狀，才會有那麼多人仰慕她、愛戀她，甚至一生一世守在她身邊。

溫柔並非妥協

　　她有著倨傲的心性、出眾的才情、不俗的抱負，卻並非像人們所想，是個溫柔靜默的女人。她太聰明，對事物往往有著自己獨到的見解，且從不隱匿於心，喜歡在朋友面前表達自己對問題敏銳的分析。正是這種清透、毫無掩飾的品性，讓她成為民國女子中，一個美麗的傳奇。

　　「民國第一才女」，這個稱號對林徽因而言，無可非議。從文學、建築到藝術，她都有非凡的貢獻。剛好，她還生得一副

清秀的容貌,這樣的女人,對於 1930 年代的大部分東方女性來說,是一個不可想像的存在。

讀林徽因的詩句,人們總會在腦海裡勾勒出一個模糊而又美麗的身影,那樣的眼波流轉,顧盼生姿。事實上,林徽因的性格動靜皆宜,她心直口快,想說什麼就說什麼,批評起來也毫不留情面。費慰梅曾經這樣形容她的犀利言談:「她的談話和她的著作一樣充滿了創造性。話題從詼諧的逸事到敏銳的分析,從明智的忠告到突發的憤怒,從發狂的熱情到深刻的蔑視,幾乎無所不包。」

林徽因的善談是非常出名的,她的思想活躍,彷彿永遠充滿著熱情和強大的生命力。或許正因為這樣,對於世間的完美,她有著更為苛刻的要求。據她的學生回憶,在建築系的某一堂素描課上,有個男生怎麼也畫不好一幅作品,在林徽因的耐心指導下,仍然不得要領,急得她脫口而出:「這簡直不像人畫的!」那男生羞憤交加,一氣之下轉了系。

林徽因生性好強,似乎永遠都有忙不完的事。梁思成和妻子在一起,大多時候都是溫和、謙讓的,為此,他從朋友那裡獲得了「煙囪」這個綽號。但日子一長、事情一亂,梁思成這「煙囪」也會有找麻煩的時候。有時,兩人爭論起專業問題,梁思成就會用知識分子特有的固執,對林徽因寸步不讓,導致最後兩人不歡而散。林徽因發火不會歇斯底里,但語言尖銳犀利。她說這些傷人的話,幾乎都是用英文表達。即使並沒有什麼激動

的神色，那冷冰冰的眼神，也能讓人心情跌到谷底。

林徽因也清楚自己的弱點，什麼事情到她這裡都會被放大。因為求好心切、爭強好勝，煩躁的感覺往往會瞬間加倍。什麼事情都想做好，全部事情湊在一起就像大雪一樣快要把她給淹沒了。這一點，李健吾先生曾這樣表達自己的看法：

「（她）絕頂聰明，又是一副赤熱的心腸、口快、性子直、好強，幾乎婦女全把她當作仇敵……她缺乏婦女的幽嫻的品德。她對於任何問題感到興趣，特別是文學和藝術，具有本能的、直接的感悟。

生長富貴，命運坎坷；修養讓她把熱情藏在裡面，熱情卻是她生活的支柱。喜好和人辯論 —— 因為她愛真理，但是孤獨、寂寞、憂鬱，永遠用詩句表達她的哀愁。」

林徽因是典型的「刀子嘴豆腐心」，但凡了解她的親友都不會計較。梁思莊的女兒吳荔明曾回憶說：

「我的媽媽，一直和二舅媽相處得很好，她們還在十幾歲時就相識了，後來又一起在國外留學。由於共同接受了西方教育，使她們有很多共同語言，親如姐妹。……媽媽說二舅媽林徽因是『刀子嘴豆腐心』，別看她嘴巴很厲害，但心眼好。她喜怒形於色，絕對真實。正因為媽媽對二舅媽的性格為人有這樣深刻的認識，才能使她們姑嫂兩人始終是好朋友。」

1936年1月，喪夫的梁思莊帶著女兒從廣州回到北平，初

到北平時住在梁家,林徽因還寫信和費慰梅嘮叨了一番——面對瑣碎的家務事,她總是無力招架,經常會發牢騷。儘管如此,林徽因對梁思莊母女特別好,即使在外地考察也要特意寫信,詢問她們是否安頓好了。

梁思成的第二任妻子林洙曾在《梁思成、林徽因與我》中提到,她以「同鄉」身分到清華大學先修班學習時,被介紹給林徽因認識,林徽因主動熱心地替她補習英文。後來,林洙要和男友結婚,但經濟困窘。林徽因知道後找到她,告訴她營造學社有一筆款項專門用來資助青年學生,讓她先用。看到對方一臉窘迫,林徽因立刻安慰說:「不要緊的,妳可以先借用,以後再還。」之後不由分說把存摺塞給了她,還送了一套青花瓷杯盤做賀禮。後來林洙想還這筆錢,卻被林徽因「嚴厲」地退了回來。

「林徽因式」的熱忱,包裹著尖銳的刺。如果你不能接受這些尖利的表象,就無法觸及她內心的柔軟。幸好林徽因的朋友們都能包容她最「壞」的那一面。因為他們知道,這個美麗的嘴上不饒人的女學者,「好」的那面是值得結交一生的。

哭三弟恆,難捨摯愛

永恆,是一場宿命,也是這世間最殘酷的物語,它藉著那蠱惑人心的魅惑音域,將我們引入一場美妙的故事,最終留下

無言的結局。如同林徽因在詩裡所說:「永恆是人們造的謊,來撫慰戀愛的消失,死亡的痛。」

死亡,有誰不將面對它?在死亡面前,我們的生命停止,往昔消逝,再也無法與相愛的人親吻、擁抱,再也無法拂去親人臉上的憂傷。唯獨將刺骨的痛,留給深愛我們的人。

1941年3月,林徽因二十五歲的弟弟林恆陣亡。那天,由於後方防空警戒系統的無能,大批敵機已經飛臨成都上空,軍隊僅有的幾架驅逐機才得到命令,倉促起飛應戰。林恆駕駛的飛機剛剛飛離跑道,就被日軍擊落在離跑道盡頭只有幾百公尺的地方。他沒能參加一次正式的戰鬥,就獻出了自己年輕的生命。

當時,林徽因正生重病,梁思成匆匆從重慶趕到成都收殮了林恆的遺體,掩埋於一處無名墓地。一套軍禮服、一把畢業紀念佩劍,這些就是林恆全部的遺物。梁思成把東西包在一個黑色包袱裡帶回了李莊。病中的林徽因默默地嚥著這杯苦酒。

三年後,林徽因忍住淚水為三弟寫下了〈哭三弟恆——三十年空戰陣亡〉:

「弟弟,我沒有適合時代的語言來哀悼你的死;

它是時代向你的要求,

簡單的,你給了。

這冷酷簡單的壯烈是時代的詩,

這沉默的光榮是你。

哭三弟恆，難捨摯愛

假使在這不可免的真實上，
多給了悲哀，我想呼喊，
那是 —— 你自己也明瞭 ——
因為你走得太早，
太早了，弟弟，難為你的勇敢，
機械的落伍，你的機會太慘！
三年了，你陣亡在成都上空，
這三年的時間所做成的不同，
如果我向你說來，你別悲傷，
因為多半不是我們老國，
而是他人在時代中輾動，
我們靈魂流血，炸成了窟窿。
我們已有了盟友、物資和軍火，
正是你所曾經希望過。
我記得，記得當時我怎樣和你
討論又討論，點算又點算，
每一天你是那樣耐性的等著，
每天卻空的過去，慢得像駱駝！
現在驅逐機已非當日你最理想
駕駛的「老鷹式七五」那樣 ——

靜謐中堅強

那樣笨,那樣慢,啊,弟弟不要傷心,
你已做到你們所能做的,
別說是誰誤了你,是時代無法衡量,
中國還要上前,黑夜在等天亮。
弟弟,我已用這許多不美麗言語
算是詩來追悼你,
要相信我的心多苦,喉嚨多啞,
你永不會回來了,我知道,
青年的熱血做了科學的代替;
中國的悲愴永沉在我的心底。
啊,你別難過,難過了我給不出安慰。
我曾每日那樣想過了幾回:
你已給了你所有的,和你去的弟兄
也是一樣,獻出你們的生命!
已有的年輕一切;將來還有的機會,
可能的壯年工作,老年的智慧;
可能的情愛,家庭,兒女,及那所有
生的權利,喜悅;及生的糾紛!
你們給的真多,都為了誰?
你相信今後中國多少人的幸福要在

你的前頭，比自己要緊；那不朽

中國的歷史，還需要在世上永久。

你相信，你也做了，最後一切你交出。

我既完全明白，為何我還為著你哭？

只因你是個孩子卻沒有留什麼給自己，

小時我盼著你的幸福，戰時你的安全，

今天你沒有兒女牽掛需要撫卹同安慰，

而萬千國人像已忘掉，你死是為了誰！」

這是 1944 年淒冷的秋，三弟林恆已經去世三年。

三年了，一切歷歷在目，新鮮如初的傷，不經意一碰，就會鮮血奔湧。

三年前的一天，梁思成從重慶回來後，面如土色。林徽因注視著丈夫欲言又止的表情，便知道事情不妙。他們已有三個月未收到林恆的信，一顆心被吊著，現在竟「啪」的一聲掉下來，摔得粉碎。

事實上，從七歲時祖母仙逝，到後來梁思成的母親李夫人病故，再到自己的父親被流彈擊中身亡，一個又一個親人的離去，讓林徽因早已讀懂了死亡與無常。然而，當三弟突然離世的消息傳來時，她仍舊無法抑制內心的悲痛。

這首悲憤與惋惜交融之作，便是一個姐姐對弟弟的傾心訴說。與林徽因往日柔美婉約的詩作風格不同，它哀痛、悲壯，

字字交織著愛與恨,像是內心深處的吶喊。或許,這也是她逼仄的心在絕境之中的一種釋放吧。

異國情誼深厚

在那個充滿理想和詩意的年月裡,懷著對中華人文歷史和藝術的共同追求,一對情篤的外國夫婦來到中國。在這裡,他們展開了一段跨國友誼。

這對美國夫婦的中文名字分別叫費正清(約翰・金・費爾班克)和費慰梅(威爾瑪)。當時,他們都是剛剛從大學畢業的學生,因為共同的追求,他們來到北平,並在這裡結了婚。

在北平東城一座漂亮的四合院裡,這對來自異國的年輕夫婦過著傳統當地人家的生活。這裡的一切對他們來說都是新奇的,早餐,他們吃的是衚衕口的豆漿油條,就連挎籃子吆喝「蘿蔔賽梨」的小販,也能引起他們極大的興趣。

夫婦倆最愛做的一件事情莫過於坐上人力拉車,穿過街道和衚衕,那種古老的文化氛圍,讓他們進入了一個古典的東方夢境。費正清夫婦找了中文老師從頭學習中文,神祕的方塊字對他們來說有一種別樣的魅力。課餘時間,他們常去紫禁城或香山的佛教寺廟裡考察,駐足於北平的門樓和城牆之上。

費正清和費慰梅是在結婚後兩個月遇見梁思成夫婦的,四

異國情誼深厚

個人的友情維持了一生。晚年，費慰梅回憶起他們相識時的感受說：

「當時他們和我們都不曾想到這個友誼今後會持續多年，但它的頭一年就把我們都迷住了。他們很年輕，相互傾慕著，同時又很願回報我們喜歡和他們做伴的感情。徽（whei）——她為外國的親密朋友替自己起的短名——是特別的美麗活潑。思成則比較沉穩些。他既有禮貌而又反應敏捷，偶爾還表現出一種古怪的才智，倆人都會兩國語言，通曉東西方文化。徽以她滔滔不絕的言語和笑聲平衡著她丈夫的拘謹。透過交換美國大學生活的故事，她很快就知道我們夫婦倆都在哈佛唸過書，而正清是在牛津大學當研究生時來到北京的。」

費正清、費慰梅的中文名字就是梁思成夫婦取的。梁思成說：

「正清乃是象徵正直、清朗，又接近 John King 的發音，是個典型的中國名字。」

這份上天賜予的新的友誼為林徽因的生活注入了陽光。當時，她和梁思成剛由瀋陽遷回北平，開始在中國營造學社的工作。事業還未走上正軌，家務事又瑣碎纏身，這讓本來性子就急的林徽因心煩意亂。費慰梅懷念這段日子時記敘道：

「當時，徽因正在經歷著她可能是生平第一次操持家務的苦難。並不是她沒有僕人，而是她的家人包括小女兒、新生的兒

子,以及可能是最麻煩的,一個感情上完全依附於她的、頭腦和她的雙腳一樣被裹得緊緊的媽媽。中國的傳統上要求她照顧她的媽媽、丈夫和孩子們,……她是被要求擔任法律上家庭經理的角色。這些責任要消耗掉她在家裡的大部分時間和精力。」

費慰梅作為一個來自不同文化環境的女性,對林徽因的感知是深層的,她在中西方文化的結點上,一下子找到了她的中國朋友全部痛苦的癥結,費慰梅說:

「林徽因當然是過渡一代的一員,對約定俗成的限制是反抗的。她不僅在英國和美國,而且早年在中國讀小學時都是受的西方教育。她在國外過的是大學生的自由生活,在瀋陽和思成共同設計的也是這種生活。可是此刻在家裡一切都像要使她鎩羽而歸。

她在書桌或畫板前沒有一刻安寧,可以不受孩子、僕人或母親的干擾。她實際上是這十個人的囚犯,他們每件事都要找她做決定。當然這部分是她自己的錯。在她關心的各種事情當中,對人和他們的問題的關心是壓倒一切的。她討厭在畫建築草圖或者寫一首詩的當中被打擾,但是她不僅不抗爭,反而把注意力轉向解決緊迫的人間問題。」

在當時那個新舊更替的時代,林徽因和梁思成都是走在時代前面的,所以,他們也是孤獨的。費氏夫婦的出現則讓他們在心靈上多了一份相惜與牽念,正如林徽因說:「自從你們兩人來到我們身邊,並向我注入了新的活力和對生活以及整體上對未來的新看法以來,我變得更加年輕、活潑和有朝氣了。」

林徽因與費慰梅的感情非常好,她們常常在一起相伴騎馬,交流傾談。當時有名的「太太的客廳」,費氏夫婦也是常客。費正清與費慰梅回國後,他們的友誼只能靠書信傳達。梁家被戰爭困住時,生活極端拮据,連信紙都只能用剪開的小紙片,郵費也夠一家人生活一陣子。即使是這樣,他們的聯繫也沒有中斷。

　　1993年,費慰梅完成書稿《梁思成和林徽因:一對探索中國建築史的伴侶》,於1995年由賓州大學出版,以紀念二人曾在賓夕法尼亞大學求學的淵源。費慰梅於2002年4月4日逝世,享年九十二歲,與林徽因的忌日只差三天。她的名氣雖然不如丈夫費正清大,但她對中華藝術的深深熱愛,和才女林徽因至死不渝的情誼,寫下了知識分子交流史上的動人詩篇。

　　這份能為彼此生命帶來溫暖和光明的友誼,深埋於時光深處,值得人一輩子懷想。

觸動人心最深處的暖

　　大概,每個能稱得上詩人的人,一生都能留下讓人流淚、微笑,抑或深沉思考的名言佳句,只是,能被我們記住並流傳甚廣的真是不多。

　　對於林徽因而言,建築事業是她一生都不能放下的信念,而文字,便成了她對美好情懷的一種寄託和誓約。那些散發著

靜謐中堅強

靈韻與情感的詩語,像一首悠然的樂曲,奏響了那 1934 年的「人間的四月天」。

> 我說你是人間的四月天;
> 笑響點亮了四面風;輕靈
> 在春的光艷中交舞著變。
> 你是四月早天裡的雲煙,
> 黃昏吹著風的軟,星子在
> 無意中閃,細雨點灑在花前。
> 那輕,那娉婷,你是,鮮妍
> 百花的冠冕你戴著,你是
> 天真,莊嚴,你是夜夜的月圓。
> 雪化後那片鵝黃,你像;新鮮
> 初放芽的綠,你是;柔嫩喜悅
> 水光浮動著你夢期待中白蓮。
> 你是一樹一樹的花開,是燕
> 在梁間呢喃,—— 你是愛,是暖,
> 是希望,你是人間的四月天!

初讀這首廣為人知的〈你是人間的四月天 —— 一句愛的讚頌〉,以為是林徽因在少女時期寫下的,那萌芽的愛與希望,那富有生命力的愛和召喚,彷彿一個眼神清透的女子,心中開出

的朵朵喜悅，玲瓏通透，引人憧憬和懷想。

　　事實上，這首詩寫於林徽因三十歲那年，此時的她，褪去了少女的青澀和浮華，舉手投足間流露出一份從容與篤定。這或許就是三十歲女人獨有的魅力吧，有二十歲的浩蕩與瀟灑，亦有四十歲的靜氣與智慧，內心波瀾起伏，卻可以做到氣定神閒，笑而不語，彷彿將生命所有的圓滿與欠缺，都融在轉身之間，那一抹淺淺的默然中。原來，生命還可以這般美好。三十歲的林徽因由康橋之戀裡那個懵懂的少女，蛻變成一個嫻靜優雅的女人、一個妻子、一個母親，

　　卻依然保留了少女的清澈與純真，讓心中的愛與暖，流動於天地之間。歲月如刀，硬生生將青春與回憶刻進我們的年華，留下斑駁的年輪。相信每一個靜美的女子都有一顆與歲月安然相守的慈心，不為人情冷暖痛哭流涕，不對世態炎涼聲嘶力竭，只是甘願，為自己而動容，不溫不火，像一汪盈盈的泉水，在時光裡妥貼長存。有些人，有些事，是她一生無法迴避的緣。而她所感念的，就是那些存在，那些生命。它們，豐盈了她一生的記憶。

　　這一定又是你的手指，
　　輕彈著，
　　在這深夜，稠密的悲思。
　　我不禁頰邊泛上了紅，

靜謐中堅強

靜聽著，

這深夜裡弦子的生動。

一聲聽從我心底穿過，

忒淒涼，

我懂得，但我怎能應和？

生命早描定她的式樣，

太薄弱

是人們的美麗的想像。

除非在夢裡有這麼一天，

你和我

同來攀動那根希望的弦。

這首〈深夜裡聽到樂聲〉彷彿是一種感召，又像是一段回憶。在那個靜謐的深夜，詩人將自己安置在音符裡，用心間的柔軟香溢了自己的夢。

林徽因的詩，看似靜氣，卻情意款款，總觸動人心最隱晦的暖。在這靈韻生動的文字裡，她永無怠倦，永無意興闌珊，真是美不勝收。像她這樣聰慧的女子，怕是早已諳熟世間的悲歡離合，所以，縱有飛觸相望的不捨，也絲毫沒有停止自己生命的腳步，而是笑著、堅持著，仿如一縷青煙，在空氣裡瀰散開來。

我愛這雨後天，

這平原的青草一片！

我的心沒底止的跟著風吹，風吹，

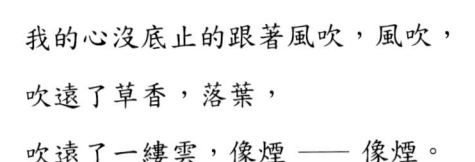

吹遠了草香，落葉，

吹遠了一縷雲，像煙──像煙。

　　林徽因的每一首詩都與自然和生命息息相關，正因為如此，即使隔著遙遠的距離，我們也依然能用她的文字取暖。感知詩意的情懷，感知幸福與希望，感知那錦繡繁華處的寂靜與安然。

世外桃源

　　沈從文先生在《邊城》裡寫：「小溪流下去，繞山岨流，約三浬便匯入茶峒的大河。人若過溪越小山走去，則只一裡路就到了茶峒城邊。溪流如弓背，山路如弓弦，故遠近有了小小差異。小溪寬約二十丈，河床為大片石頭做成。靜靜的水即或深到一篙不能落底，卻依然清澈透明，河中游魚來去皆可以計數。」

　　這清澈的山水，便是仿如世外桃源般美麗的湘西。

　　1937 年 11 月末，梁家從長沙搬到昆明，途經沈從文的老家湘西鳳凰。早在沈從文的小說裡，林徽因已領略過鳳凰優美的風光。鳳凰城地處湘、川、黔接壤處的山窪，四面環山，處處可見自然造化的神奇，茂密的原始森林是這座石頭城的天然屏障。沱江自貴州的銅江東北流入湖南境內，過鳳凰城北，在東北向注入湘西著名的武水。

沱江江面有一架飛橋，住家的房子在橋西兩側重疊，中間是一道被自然分割出來的青石小街。橋下游的河流拐彎處有一座萬壽宮，從橋上就能欣賞到萬壽宮塔的倒影。鳳凰城以多泉著名，泉水從山岩的縫隙中滲出來，石壁上是人們鑿出的壁爐一樣的泉井，泉井四周長滿了羊齒形狀的植物，山岩披上了青翠的紗裙。此時，沈從文人在武昌，連連寫信給林徽因，邀請梁家一行人去自己老家小住幾日，並告訴他們，自己的哥哥住在沅陵，沅陵被稱為「湘西門戶」，是長沙到昆明的汽車的必經之地。林徽因盛情難卻，便和梁思成商量，決定路過沅陵時，停留兩天看看沈從文筆下的湘西，看看沈從文的家鄉和親人。

沈家大哥的房子蓋在小山上，四周溪流淙淙，宛如世外桃源一般。這讓林徽因不禁感嘆：「真是不虛此行，不來湘西，永遠認為翠翠那樣的人物是虛構的，來了才知道，這裡肯定有許多個翠翠。」梁思成戲謔：「說不定在沈大哥家就有一個翠翠在等著我們呢。」

在沈大哥家，梁家人受到了熱情的款待。佳餚、美酒、清茶……讓在戰事中奔波周折的他們體會到安定生活的富足與美好。

離開夢一般的沅陵，林徽因在顛簸的汽車上提筆寫了一封信給沈從文：

「我們真歡喜極了，都又感到太打擾得他們（注：沈從文大哥）有點不過意。雖然，有半天工夫在那樓上廊子上坐著談天，

可是我真感到有無限親切。沅陵的風景、沅陵的城市和沅陵的人物，在我們心裡是一片很完整的記憶……這次分別，大家都懷著深憂！不知以後事如何？相見在何日？只要有著信心，我們還要再見的呢。無限親切的感覺，因為我們在你的家鄉。」

當汽車經過貴陽，便來到了舉世聞名的黃果樹瀑布。

遠遠聽見水傾流而下的轟鳴聲，大家急不可待地尋著水聲的方向而去。只見，一道寬約三十多米的水簾飛旋於萬丈峭壁，憑高做浪，發出轟然巨響，跌入深深的犀牛潭。飛瀑跌落處掀起軒然大波，水霧迷濛中，數道彩虹若隱若現，恍若仙境。

立於百丈石崖之下，林徽因出神地凝望著眼前壯美的瀑布，聽著轟鳴的彷彿具有生命活力的水聲，對梁思成說：「思成，我感覺到世界上最強悍的是水，而不是石頭，它們在沒有路的絕壁上，也會直挺挺地站立起來，從這崖頂義無反顧地縱身跳下去，讓石破天驚的瞬間成為永恆，讓人能領悟到一種精神的落差。」

「你記得爸爸生前跟我們說過的話嗎？失望和沮喪，是我們生命上最可怕之敵，我們須終生不許它侵入。人也需要水的這種勇敢和無畏。」梁思成回答道。

車子再一次徐徐啟動，黃果樹瀑布雷奔雲洩的聲音響徹耳畔。過晉安，下富源，奔曲靖，春城昆明已經遙遙在望。

靜謐中堅強

倔強如木棉

是誰說過，人生定要有起有伏才可長久，太過順暢並非好事。對於林徽因來說，她的好日子，其實是太短了。

動亂年代，自有它的浪漫熱血，那時的知識分子，在國家遭遇變故時揮動犀利的筆刀，拯救民族於水深火熱之中。然而，紙上談兵終究無法避免顛沛流離的奔逃。

1937年，北平在日軍鐵蹄之下已滿目瘡痍，戰火燒到了「太太的客廳」門口，但「我們的太太」卻沒有驚慌失措，她寫了封信給女兒梁再冰，沉著地說：

「如果日本人要來占北平，我們都願意打仗！那時候你就跟著大姑姑那邊，我們就守在北平，等到打勝了仗再說。我覺得現在我們應該要勇敢，什麼都不怕，什麼都有決心才好。」

林徽因什麼都不怕，政府可不這麼想。不久之後，林徽因和梁思成聽到了守軍撤兵的消息。看著滿街的太陽旗，一種強烈的恥辱感湧上他們的心頭。

有一天，夫婦倆收到署名為「大東亞共榮協會」的請柬，邀請他們參加一個會議，林徽因憤怒地把請柬撕碎了。北平已經在日軍鐵蹄之下，他們決定舉家南遷。

1937年的夏末秋初，總布衚衕的四合院裡仍然像往年那樣生機勃勃，矮牆邊的指甲花逗引著蜜蜂蝴蝶，粉紅色的夾竹

桃，也正開得絢爛。丁香花散播著幽幽的香氣。院落被濃郁、和平、寧靜的芬芳包圍著。

但林徽因卻和丈夫扶老攜幼，帶著簡單的行李，在8月的一個黃昏，匆匆離開了這裡，在瀰漫的硝煙中向天津出發。

下了火車，眼前的情景比他們想像的還要糟糕。車站裡到處是荷槍實彈的日軍，天橋上架著機關槍，每一個過往的旅客都受到了嚴格的盤查。天津，在血與火中顫抖著、呻吟著。

9月初，梁氏夫婦搭乘一艘英國商船，從天津出發，前往濟南，然後南下到達長沙。由於在擔驚受怕中疲於奔命，林徽因的母親何雪媛支撐不住第一個病倒了。就這樣，林徽因承擔起了燒飯洗衣等所有家務。幸好南方暫無戰事，他們可以稍微喘口氣觀望局勢，再做打算。

11月下旬，大批日軍轟炸機出現在長沙上空，打破了這裡的寧靜。那是日軍第一次轟炸長沙，四架飛機在長沙上空投彈六枚，死傷三百餘人。

在寫給好友費慰梅的信中，林徽因描述了這次轟炸：

「炸彈就落在距我們的臨時住房大門十五碼的地方……沒人知道我們怎麼沒有被炸成碎片。聽到地獄般的斷裂聲和頭兩響稍遠一點的爆炸，我們便往樓下奔，我們的房子隨即四分五裂。全然出於本能，我們各抓起一個孩子就往樓梯跑，可還沒來得及下樓，離得最近的炸彈就炸了……同時房子開始軋軋亂

響,那些到處都是玻璃的門窗、隔扇、屋頂、天花板,全都坍了下來,劈頭蓋腦地砸向我們。」

可怕的空襲越來越多,長沙已經待不下去了。當時,臨時大學搬遷到雲南昆明,一批研究機構也跟隨前往。梁氏夫婦考慮到古建築研究資料很多時候要依賴於這些研究機構,便也決定前往昆明。

安穩妥貼,於林徽因而言,是美好而令人嚮往的生活。只是如今,她也在這紛亂顛沛的歲月裡,經歷了生命的另一種體驗。無法和琴棋書畫詩酒花相媲美,卻讓她看見,往昔繁華終歸只是夢一場。與其哀怨悲觀,不如敞開自己的世界去接受一切,接受苦難帶給自己的生命體會,用通達與它交換,將幸福填滿。

穿過陡峭的懸崖絕壁和凹凸不平的土路,1938 年 1 月,林徽因一家來到了春城昆明。這是一個繁花似錦的城市,好像每一天都會換上一件新衣裳似的,永遠是翠綠中透出新鮮的鵝黃。早春的天空,是玻璃般透明的青色,遠山煙霧籠罩,雲朵飄飄。

本是個熱愛生命的女子,見到這顯示著勃勃生機的春天,林徽因自是歡喜不已。在這裡,她雖不能像從前在「太太的客廳」那樣,與知己好友一同品茗坐論天下事,但卻享受到了難得清靜的時光。對於習慣奔忙的她而言,這清靜,好似一種修行。

很快,梁思成和林徽因便在朋友的幫助下找到了居所,就在翠湖巡津街前市長的宅院裡。雖說是借住,但畢竟有了一個

舒適的落腳之地。

張奚若夫婦與梁家比鄰而居。出門不遠，便是阮堤。散步時，穿過聽鶯橋，就能到海心亭去坐坐。

林徽因很喜歡海心亭。作為建築，它倒是沒什麼特色，林徽因喜歡的是裡面的對聯：「有亭翼然，占綠水十分之一；何時閒了，與明月對飲而三。」這樣清明的字讓人見了，內心也會爽朗幾分。

從長沙到昆明這一個多月的長途跋涉，讓梁思成的脊椎病痛如排山倒海般襲來，即使穿了那件從不離身的鐵背心，由於背部肌肉痙攣，他也難以直起身子。痛得最厲害時，梁思成整夜無法入睡。醫生診斷說是扁桃體化膿引起的，於是梁思成切除了扁桃體，卻引發了牙周炎。

後來，滿口的牙也拔了，梁思成就只能躺在一張帆布床上。他無論如何也沒有想到，自己那雙靈巧的能畫得一手好圖的手，竟然只剩下兩件事情可做，一是拆舊毛衣，二是補襪子。

家中的棟梁倒了，老母親臥病在床。這個昔日「太太的客廳」裡優雅的女主人，即使被肺病折磨，也毅然扛起了家的責任。為了賺錢，林徽因替雲南大學的學生補習英語，每週六節課，每月可以賺到四十塊錢的鐘點費。每次上課，她都得翻過四個山坡。昆明海拔高，稀薄的空氣對林徽因脆弱的肺是個巨大的考驗。

人在漂泊無助的時候，總會感到自己力量的薄弱，許多時

147

候,我們無力填平人生的溝渠,就只能任由流水東逝。可總是有人,不願向歲月低頭。

在這清貧的時光裡,林徽因常以書為伴,雪萊、拜倫的詩歌支撐著她捱過無數個病痛、孤寂的白天黑夜。那些美麗的字句已經深植於她的內心:

「你那百折不撓的靈魂——

天上和人間的暴風雨

怎能摧毀你的果敢和堅忍!

你給了我們有力的教訓:

你是一個標記,一個徵象,

標誌著人的命運和力量;

和你相同,人也有神的一半,

是濁流來自聖潔的泉源。」

這是拜倫的詩歌〈普羅米修斯〉(*Prometheus*),當林徽因覺得自己的生命快要被困苦和病魔消耗殆盡的時候,她就從這些詩句中汲取力量。就像一個在沙漠中跋涉許久的旅人,終於找到了綠洲和甘泉。

在清苦的環境下,就是這些能慰藉心靈的文字,給了她一片放飛靈魂的天地,讓她在這裡留下與自然、與生命最虔誠的對話。她不是凌霄花,不是鳥兒,不是泉源,她是一株木棉,堅強勇敢,芳香四溢,永遠舞動著生命的旋律。

飛向天堂的戰機

在昆明，林徽因多了八個「弟弟」。她和這群「弟弟」的結識也頗具戲劇性。

從長沙前往昆明時，車行至湖南與貴州交界處的晃縣，林徽因忽然得了肺炎，高燒不退，梁思成左邊扶著虛弱的妻子，右邊攙著岳母，還要照應著八歲的女兒和五歲的兒子，忙亂不堪，急需一個小旅館安頓休息。但他們踏著泥濘走了幾條街，也沒能找到一個床位。好幾班旅客滯留在這裡，所有的旅館都滿了。

林徽因燒到四十攝氏度，直打寒顫，走到一間茶館再也走不動了。但是茶館老闆嫌他們占了他的地方，又怕晦氣，連打個地鋪都不准，連連趕他們走。梁思成急得一個頭兩個大，小兒子又睏又累，已經倒在行李上睡著了。

正在梁思成如困獸一樣團團轉的時候，一陣優雅的小提琴聲隱約飄入耳際。梁思成差點以為自己著急得幻聽了，在這個偏僻之地，誰會演奏這麼高雅的樂器呢？他側耳細聽，這次聽清楚了，真的是小提琴的聲音！這拉琴的一定是來自大城市，受過高等教育的文化人。也許他會發發善心幫他們一把也說不定。

梁思成懷抱著最後的希望，冒雨尋著琴音，貿然敲開了傳出琴聲的旅館的房門。優美的演奏戛然而止，梁思成驚訝地看

靜謐中堅強

著眼前一群穿著空軍學員制服的年輕人，一雙雙明亮的眼睛流露出疑問的神色。梁思成硬著頭皮說明了來意。青年們出乎意料的熱情，立刻為他們騰出一個房間。交談之下，梁思成知道了他們二十來號人是空軍學員，在往昆明撤退的途中被阻在這裡，已經好幾天了。

等林徽因一家子在昆明安頓下來後，這些意外結識的古道熱腸的飛行學員也成了朋友聚會的座上客。而且，作為航空學校第十期學員的林恆也奉命撤往昆明。這些年輕人在昆明都沒什麼親戚，熱心健談的林徽因在他們看來就像姐姐一樣。他們向她講德國教官嚴酷的訓練方式，傾訴他們對淪陷區的親友的思念，分享交到女友的快樂。

空軍學校畢業的時間到了，梁思成和林徽因收到了一張請柬。這些學生的家人都在淪陷區，第七期畢業的八名飛行員的家長沒有一位在昆明，因此校方邀請兩人做他們的名譽家長，參加「孩子們」的畢業典禮。

那一天，夫婦倆早早就到了學校。梁思成坐在講臺上致辭，然後頒發了畢業證書，畢業生們還駕著戰機做了飛行表演。林徽因看著這一張張興奮而又年輕的面孔，默默地祈禱著，祈求戰爭永遠不要帶走她的弟弟們、帶走這些鮮活的熱情的生命。

然而祈禱是沒有用的，殘酷的戰爭不會饒過善良的人們。從 1940 年，梁思成和林徽因成為這八名學員的「名譽家長」以

來，噩耗就像商量好了似的接踵而至。參加完畢業典禮，作為「家長」的梁氏夫婦等來的不是捷報，而是接二連三的陣亡通知書。

那位在雨夜拉小提琴的男孩叫黃棟全，可以說是林徽因的救命恩人了。他是學員中犧牲較早的一位，陣亡在昆明的戰鬥中。黃棟全死得特別慘，被擊落後，屍體都找不全，梁思成一塊骨頭一塊肉地尋找拼湊屍體。他是名譽家長，學員一犧牲，陣亡通知書就寄到家裡去了。一封一封的陣亡通知書壓得梁家人喘不過氣。他們還未來得及為上一個「孩子」多灑幾滴眼淚，後面的死訊又劈了下來。他們的心碎了又碎，直到成為粉末。

除了心碎，更多的是憤怒、屈辱和焦慮。因為，這些年輕的生命根本就是懦弱無能的政府的陪葬品。當時中國的空軍裝備嚴重落後，遠不能和日本侵略者相抗衡。空軍作戰使用的主要還是二十世紀的古董，一種帆布蒙皮，敞著駕駛艙的雙翼戰機，飛行員稱這種飛機為「老道格拉斯」，又笨又慢，火力也很弱，和日軍的戰機效能天差地別。空戰中高度是致勝點，日軍戰機能一下子拉高，「老道格拉斯」就只能一圈一圈往上爬。如果僥倖占了優勢而一次俯衝射擊不中的話，就很難再有攻擊機會，只能等著挨打。可悲的是，即使是這樣，一些後勤部門的官員竟然發國難財，盜賣零件汽油，使地勤工作無法順利完成，飛機經常出現故障。淞滬抗戰爆發以來，中國空軍能參戰的飛機已經所剩無幾，飛行員甚至只能駕駛由民用飛機改裝的

戰機，許多年輕的飛行員還來不及還擊，就獻出了生命。據說那時候的空軍學員由學校畢業到戰死，通常壽命只有半年。

林徽因的九個飛行員弟弟中，最後一個犧牲的是林耀（林恆陣亡於 1941 年 3 月）。1944 年的一個黃昏，第九封死亡通知書飛進了林家，林耀在衡陽保衛戰中被敵機擊落。由於中國軍隊倉促潰敗，他的飛機和遺體都沒能找到。一個那麼明亮鮮活的生命，就這樣消失了，就像從未存在過。林徽因在病榻上翻看著這些孩子的遺照和日記，度過了一個個被淚水浸透的漫漫長夜。

亂世中的清明之光

時光，濃淡相宜才是最誘人的。遇一人白首，擇一城終老，在這個漫長的過程中，我們不如對光陰溫柔以待，不挽留不痛惜，把自己練就成過往最動人的風景。如此，便是一番歲月靜好，現世安穩。

偏於一隅的春城，終究沒能逃過無處不在的戰爭。1938 年 9 月 28 日，日軍第一次轟炸昆明。從那天開始，這個他們原本以為安全的世外桃源，也要曝露在戰爭的傷口中。

昆明五華山的山頂有一座鐵塔，塔上掛一個燈籠，叫預防警報；掛上兩個燈籠，叫空襲警報；要是掛上了三個，就是緊

急警報了。預防警報一掛出來,馬上就得跑。躲警報成了昆明人日常生活的一部分,到最後,大家都對它習以為常了。

最最親愛的慰梅、正清,我恨不能有一支龐大的祕書隊伍,用她們打字機的猛烈敲擊聲去蓋過刺耳的空襲警報,過去一週以來這已經成為每日襲來的交響樂。別擔心,慰梅,凡事我們總要表現得盡量平靜。每次空襲後,我們總會像專家一樣略作評論:「這個炸彈很一般嘛。」之後我們通常會變得異常活躍,好像是要把剛剛浪費的時間奪回來。你大概能想像到過去一年我的生活的大體內容,日子完全變了模樣。我的體重一直在減,作為補償,我的脾氣一直在長,生活無所不能。

日本戰機的轟炸越發頻繁,昆明的天空失去了往日的寧靜。為了保住性命,林徽因一家便只好疏散到昆明郊外各處。

當時,美國有好幾所大學和博物館聘請梁思成與林徽因到美國工作和治療,梁思成婉言謝絕道:「我的國家正在災難中,我不能離開她;假如我必須死在刺刀或炸彈下,我要死在故鄉的土地上。」

營造學社的幾位幹部陸陸續續來到昆明,於是梁思成把大家團聚起來,打算恢復工作,考察西南地區的古建築。就這樣,營造學社西南小分隊就組建起來了。1938年10月到11月,考察隊調查了圓通寺、土主廟、建水會館、東西寺塔等五十多處古建築,幾乎涵蓋了昆明的主要古建築。

為了躲避空襲，梁家和營造學社搬到了昆明市東北十二公里處的龍泉鎮龍頭村附近的麥地村，借住在一間名為興國庵的庵堂裡。繪圖桌與菩薩們共處一殿，只用麻布拉了一道帳子。梁思成和林徽因的家就安置在大殿旁一間半泥土鋪就的小屋裡。由於屋內非常潮溼，他們只能把石灰撒在地上以吸潮氣。

1939年9月至1940年2月，梁思成率領考察隊對四川西康地區三十五個縣的古建築進行了野外勘察，發現古建築、摩崖、崖墓、石刻、漢闕等多達七百三十餘處。在這期間，梁思成又為西南聯合大學設計了校舍。林徽因身體不好，便留在興國庵主持日常工作，同時也完成了雲南大學女生宿舍「映秋院」的設計。

戰爭把本就遙遙無期的歸期推到了完全看不見的黑暗之中。總在庵堂住也不是辦法，梁氏夫婦決定在龍頭村北側棕皮營靠近金汁河埂的一塊空地為自己設計建造一座住房。

1940年春天，在滇南小鎮，林徽因和丈夫親手設計並建造完成了一間住宅，分別是三間住房和一間廚房。這座小屋背靠高高的堤壩，上面是一排筆直的松樹，南風習習地吹拂著，野花散發出清新的香氣，一瞬間，大家彷彿又回到了往昔寧靜的生活。

為了建造這三間住房，梁家花光了所有的積蓄。為了省錢，他們不得不為爭取每一塊木板、每一塊磚，乃至每根釘子而奮

鬥，甚至還得親自運木料，做木工和泥瓦工。儘管如此，這個家也已經到了山窮水盡的地步。還好在此時，費正清、費慰梅夫婦寄來一張給林徽因治病的支票，才算付清了建房欠下的債務。

梁思成於 1940 年在昆明寫給費氏夫婦的信中，顯示了當時他們所處的窘境：

「我們奇缺各種閱讀和參考書籍。如果你們能間或從二手書店為我們挑選一些過期的暢銷書，老金、端升、徽因、我，還有許多朋友都將無上地感激。我們迫切希望閱讀一些從左向右排列的西文書籍，現在手邊通通都是從上到下排列的中文古書。我發現，我在給你們寫信索要圖書時，徽因正在給慰梅寫信索要一些舊衣服，看來我們已經實實在在地淪為乞丐了。」

不僅僅是梁家陷入絕境，越來越多的難民擁入昆明，人口激增導致昆明的物價節節攀升，昔日生活富足的教授、學者們全都陷入赤貧。

為了餬口，一向清高的梁氏夫婦也不得不加入這場兼職大潮，幫有錢人設計私人住宅，卻往往得不到應得的報酬。他們也曾不情願地出席權貴們的宴會，避不開的時候，林徽因必做宣告：「思成不能酒我不能牌，兩人都不能菸。」

人生總要經歷波瀾才能遇見自我和生命的真相，靈魂是人的精神「自我」的棲居地，所尋求的是真摯的愛和堅實的信仰。

靜謐中堅強

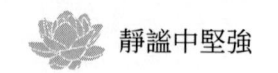

這困苦的生活,是磨練,是真理,亦是命運的拷問。於梁氏夫婦而言,於亂世中守住自己的清明,那就是歡喜,是幸福。

人間四月，以生命書寫輝煌

她是美人，是才女。是世人眼中，滿滿的好。

冰心評價林徽因，「她很美麗，很有才氣」；用蕭乾先生的夫人文潔若的話來說，就是「天生麗質和超人的才智與後天良好高深的教育相得益彰」。正因為如此，即使青春不再，林徽因舉手投足之間的風韻也依舊充滿了美感。

人們說，「女子無才便是德」。林徽因卻是美貌與才華並舉，風華無盡。她是中國第一位，也是最傑出的一位女性建築家。她始終不遺餘力，用生命創造著自己的輝煌，完成一次次昇華。

春萌芽，夏綻放，秋豐收，冬凋零。她走完了一世，以最美的光影。

會好起來的

我想像我在輕輕的獨語：
十一月的小村外是怎樣個去處？
是這渺茫江邊淡泊的天；

是這映紅了的葉子疏疏隔著霧；

是鄉愁，是這許多說不出的寂寞；

還是這條獨自轉折來去的山路？

是村子迷惘了，繞出一絲絲青煙；

是那白沙一片篁竹圍著的茅屋？

是枯柴爆烈著灶火的聲響，

是童子縮頸落葉林中的歌唱？

是老農隨著耕牛，遠遠過去，

還是那坡邊零落在吃草的牛羊？

是什麼做成這十一月的心，

十一月的靈魂又是誰的病？

寫下這些詩句時，橘紅色的陽光正灑在窗前。林徽因用目光追著陽光裡那對靛藍色的小鳥，它們在窗外的竹梢上唱著、跳著，享受著陽光，梳理著輕盈的羽毛。鳥兒有時候會跳上窗臺，在這個窄窄的舞臺上展示自己的身姿和舞步。這時候，孩子們在窗外奔跑著、歡笑著，他們的快樂很簡單，一朵野花、一隻蝴蝶、一隻田螺或是拇指大的棒棒鳥，都能被當作樂趣，讓他們開懷不已。

只是眼下，對於這簡單微小的快樂，林徽因也只能暗自羨慕。她的身體日漸虛弱，每天只能躺在床上，見陽光灑向窗櫺，塗抹著晨昏。

1940年年底，營造學社遷往更偏僻的四川李莊。

借梁思成的話說，這次遷徙「真是令人沮喪，它意味著我們將要和一群有著十幾年交情的朋友分離，去到一個遠離大城市的全然陌生的地方」。李莊被梁思成稱為「誰都難以到達的可詛咒的小鎮」。因為營造學社經費嚴重缺乏，梁思成不得不暫時先和妻子分開，去重慶的教育部申請一些補貼，然後再到李莊。

在營造學社同人的幫助下，林徽因一家在李莊鎮外的上壩村一間平磚房安頓下來。數年顛沛流離的逃亡生活，讓林徽因的肺病越發嚴重。除了靜養，亦無其他治癒的辦法。

樹欲靜而風不止。寒冬臘月，南國的清霜打溼了歸人的心，同時，也再次摧垮了林徽因虛弱的身體。在這樣艱苦的環境下，最令林徽因苦惱的，便是要付出大量的精力來操持家務。

在1936年寫給費慰梅的信中，林徽因曾這樣描述自己當時的生活：

「當我在做那些家務瑣事的時候，總是覺得很悲哀，因為我冷落了某個地方某些我雖不認識，對於我卻更有意義和重要的人們。這樣我總是匆匆做完手頭的活，以便回去和別人「談話」，並常常因為手上的事情老是做不完，或老是不斷增加而變得很不耐煩。這樣我就總是不善於家務，因為我總是心不在焉，心裡詛咒手上的事情（儘管我也可以從中取樂並且做得非常出色）。」

曾經優雅的「林小姐」被清貧的歲月磨掉了稜角，變得愈加柔軟。面對滿目瘡痍的生活，她與生俱來的那股子倔強與堅韌，終究還是派上了用場。外面的世界兵荒馬亂，這個韌性十足的女子卻執意守著自己的清貧，等待一片生機盎然的綠。那是長途跋涉的遷徙後，內心的安魂之地。

　　「行至水窮處，坐看雲起時」，零落紅塵，我們抵達的每一處風景，都將是一次人生的修行。歲月變更，曾經動盪不安的世事，終究要幻化成流水塵煙，停泊在記憶的彼岸。唯有經歷的痛苦能化作生命的養分，在下一段歲月裡，滋養我們的心。

　　林徽因曾在生病時寫了一封信給丈夫，盼他早歸。但直到1941年4月14日，梁思成才趕回李莊。見到面容憔悴的妻子，他心裡愧疚萬分，當即向費正清夫婦寫了一封信：

　　「直到4月14日我才從重慶抵達李莊，發現徽因病得比信中告訴我的要嚴重許多。家徒四壁，混亂不堪，徽因數月病重在床令我十分痛心……聽到文章被《國家地理》雜誌拒絕很難受。不否認給他們投稿的目的是為了賺一些額外的報酬。在通貨膨脹中，一些外幣的確可以讓人略有安全感。你們先後寄來的兩張支票簡直是天外禮物，如此真摯情誼，我們心存感念，無以言表。支票已被收藏起來作為應急之用。」

　　此時，營造學社的經費幾近枯竭，成員的薪水也失去了保障。梁氏夫婦的生活也越發拮据，即使將衣物、珍貴的鋼筆和手錶典當出去，仍舊無法改變飢寒交迫的現狀。

病情稍微有點好轉的時候，林徽因就閒不住了。白天她拖著瘦弱的病身上街打油買醋，晚上就在燈下為丈夫和孩子們縫補幾乎不能再補的衣物。孩子們冬天也只有布鞋可穿，其他季節都是打赤腳，至多穿上草鞋。南瓜、茄子、豇豆成了全家人的主食。

後來，同在李莊的傅斯年實在看不下去，便悄悄寫信給教育部部長和經濟部部長，懇請對梁家給予救濟。理由是「思成之研究中國建築，並世無匹」，林徽因「今之女學士，才學至少在謝冰心輩之上」。得知傅斯年出手相幫後，林徽因特別寫信表達感激之情：「尤其是關於我的地方，一言之譽可使我疚心疾首，夙夜愁痛。」

內心豐盈的人，靠的不是錦衣玉食的生活，而是如水晶一般的心。即使生活黯淡無光，她依然可以透過自己，照見未來。

慢慢地，梁家的生活有了改善。林徽因總算能從家務事中解脫出來，接近於靜養。

窗子外面的景色重新煥發出生機，棒棒鳥仍是窗臺上的常客，它們洞悉了所有季節的祕密。陽光透過窗子，把林徽因紙上的詩句都染成了充滿生命力的橘紅色：

「山坳子叫我立住的僅是一面黃土牆；

下午透過雲靄那點子太陽！

一棵野藤絆住一角老牆頭，

斜睨兩根青石架起的大門，

倒在路旁無論我坐著，我又走開，

我都一樣心跳；我的心前

雖然煩亂，總像繞著許多雲彩，

但寂寂一灣水田，這幾處荒墳，

它們永說不清誰是這一切主宰

我折一根柱枝，看下午最長的日影

要等待十一月的回答微風中吹來。」

一切都會好起來。

春城之美

　　身處亂世，每一次離別都會被當作人生的訣別，從此，茫茫人海，再不相見。因此，對於林徽因來說，能重返昆明，與昔日的老友們相聚暢談，該是人生怎樣的一件幸事。

　　五年來，她頭一次離開李莊，還是因為營造學社培養建設人才的需求。在細雨霏霏的日子，林徽因隨丈夫攜一家人前往重慶。在重慶，因體力不支，她大部分時間都待在研究院的招待所裡。有時，費慰梅會開著吉普車帶林徽因去城裡，有時，他們也會在費氏夫婦安頓下來的家裡小聚。

當生活稍顯寬裕時，梁思成為妻子找了一家醫療條件較好的教會醫院，進行了徹底的身體檢查。然而，檢查結果並不樂觀，林徽因的肺病已經到了晚期。

這時，梁家遠在昆明的朋友邀請他們去昆明小住。金岳霖還特意在張奚若家附近找了一處房子，房子的窗戶很大，外面是一個豪華的大花園，有幾棵參天的桉樹，婆娑的枝條隨風搖曳，散發陣陣芳香。

林徽因一到昆明就病倒了。但是，與朋友相聚的喜悅壓倒了一切。

長期分離之後，張奚若、金岳霖和錢端升夫婦這一群老友又圍繞在她身邊，談論沒完沒了的話題。彼此的情感狀況、學術近況、國家情勢、家庭經濟，還有戰爭中沉浮的人物和團體，這讓所有人都有劫後餘生的感慨。彷彿昔日「太太的客廳」裡的文藝沙龍重現。

在給費慰梅的信中，林徽因寫道：

「我們都老了，都有過貧病交加的經歷，忍受了漫長的戰爭和音信的隔絕，現在又面對著偉大的民族奮起和艱難的未來。此外，我們是在遠離故土，在一個因形勢所迫而不得不住下來的地方相聚的。渴望回到我們曾度過一生中最快樂的時光的地方，就如同唐朝人思念長安、宋朝人思念汴京一樣。」

春城氣候宜人，但是高海拔地區對林徽因的呼吸和脈搏亦

有不良影響。白天，大家在一起談論哲學、詩歌、建築、散文，交談甚歡，夜裡，林徽因咳嗽不止，不停地喝水吃藥。儘管日夜都經歷著病痛的折磨，但她的心卻如輕紗一般空靈、釋然。

我們遍體鱗傷，經過慘痛的煎熬，我們身上出現了或好或壞或別的什麼新特質。我們不僅體驗了生活，也受到了艱辛生活的考驗。我們的身體受到嚴重損傷，但我們的信念如故。現在我們深信，生活中的苦與樂其實是一回事。

正如林徽因在給友人的信中所言，身體雖然受到了嚴重損傷，但信念如故。如此，便可心寬。

在這日復一日的景緻裡，林徽因最愛的，還是那雲南的彩雲。彩雲的可愛之處並非因為它的模樣多變，也不在於它的潔淨，而是它即使遠在天邊，卻彷彿觸手可及。夜晚來臨，月亮掛在樹梢，彩雲依舊追趕，這讓林徽因相信，彩雲是有生命的，是那多情的姑娘靈魂的化身。

這裡也時常下雨，但不是李莊那種混合著煤礦煙塵的酸雨。昆明的雨不染纖塵，帶著繁花和青草的氣息，偶爾，也會有泥土發酵的味道。就像林徽因的脾氣，來得快去得也快，骨子裡終是一片潔淨。在給費慰梅的信中，林徽因講述了住在昆明這「夢幻別墅」的感受：

「昆明永遠那樣美，不論是晴天還是下雨。我窗外的景色在

雷雨前後顯得特別動人。在雨中，房間裡有一種難以言狀的浪漫氛圍──天空和大地突然一起暗了下來，一個人在一個外面有個寂靜的大花園的冷清的屋子裡。這是一個人一生也忘不了的。」

人的一生，要尋遍多少風景，才能回頭看見彼岸？那錦繡繁華是景，那荒草悽悽是景，那清貧日子裡的苦中作樂亦是景。

真是優雅如詩的女子，在清苦的歲月，還能將心情打點得如此淡然，清澈，不慌不忙。

清華建築系的誕生

「可是，我真愛北平。這個愛幾乎是要說而說不出的。我愛我的母親。怎樣愛？我說不出……言語是不夠表現我的心情的，只有獨自微笑或落淚才足以把內心揭露一些來。我之愛北平也近乎這個……我所愛的北平不是枝枝節節的一些什麼，而是整個與我的心靈相黏合的一段歷史。」在散文〈想北平〉裡，老舍先生寫下了自己對北平的愛。這愛，真切深沉，像一個闊別母親多年的孩子在靜靜訴說，訴說自己的不捨與懷念。

林徽因的故鄉在江南，她卻對北平有著難以割捨的情懷。從荳蔻年華的少女到為人妻母，她在這裡留下了太多的故事與回憶。

1946年7月底，梁家結束九年的流亡生活，回到北平。八年戰亂，讓這座古城透露著劫後餘生的荒涼。她不是不曾想過，昔日的故園早已物是人非，只是，當這一日來臨時，她還是被心底那隱隱的傷痛擊中了。「國破山河在，城春草木深」，這傷疤，在北平，也在她心裡。

　　北返後，清華大學開設了建築系，梁思成是第一任系主任。於是，林徽因一家搬進了清華園的教授大樓。匆匆組建的建築系剛剛安頓下來，梁思成就赴美，考察戰後的美國建築教育，同時應耶魯大學的聘請講學一年，傳授中國建築藝術。

　　梁思成臨出發去美國前，交代系裡的年輕教師，有事情可以找林徽因商量。於是，創辦新系的許多工作暫時就落在了她這個沒有任何名分的病人身上。建築系剛成立，圖書館的資料不多，林徽因就把家中藏書推薦給年輕教師，任他們挑選借閱。除此之外，她還和青年教師們建立了親密的同事情誼，大家在一起暢談文學和藝術，各抒己見，好不熱鬧。

　　回憶這段往事時，梁再冰說：「當時我媽把全部心血拿出來，幫吳先生把建築系建立起來，從桌椅板凳、行政工作，一直到課程的設定，甚至第一次學生怎麼上課，全部都參加，真是花盡心血。但是當時她既不是教授，也不是職員，什麼都不是，也不領任何薪資。」用林徽因當年的同事的話，便是：「她躺在病床上，把一個系從無到有地辦起來。」

　　當時，校方為了讓林徽因能靜心養病，在她的住宅外面豎

了一塊木牌:「這裡有位病人,遵醫囑需要靜養,過往行人請勿喧譁」。來訪的學生,都以為自己將看到一個精神萎靡的中年女子懨懨地靠在床上待客,沒想到,這位林老師身體瘦弱,卻神采飛揚。她滔滔不絕地談論著文學、藝術、建築,融會貫通,妙語連珠。談到興奮處,林徽因自己都忘了,她是一個被醫生判了死刑的重病患者。

時人說林徽因,有一身傲然的風骨,即使疾病纏身,也從不甘於平淡,虛度光陰。這紛繁綺麗的世事,化作她生命裡的濃墨重彩,渲染成一幅濃淡相宜的潑墨山水,自是美不勝收。

人在世間行走,都想清幽度過一世,只是,有多少凜冽的風要將你吹落塵埃,讓你在漫長的黑夜裡,將苦難走盡。不久,林徽因因肺病晚期住進了醫院。這個白色的世界,好像有禁錮生命能量的能力,沒有流動,沒有亢奮,只有白得刺眼的安靜煎熬著靈魂。

正是在這個時期,林徽因寫下了〈惡劣的心緒〉:

「我病中,這樣纏住憂慮和煩擾,
好像西北冷風,從沙漠荒原吹起,
逐步吹入黃昏街頭巷尾的垃圾堆;
在黴腐的瑣屑裡尋討安慰,
自己在萬物消耗以後的殘骸中驚駭,
又一點一點給別人揚起可怕的塵埃!

……

我希望：風停了；今晚情緒能像一場小雪，

沉默的白色輕輕降落地上；

雪花每片對自己和他人都帶一星耐性的仁慈，

一層一層把惡劣殘破和痛苦的一起掩藏；

在美麗明早的晨光下，焦心暫不必再有，——

絕望要來時，索性是雪後殘酷的寒流！」

惡劣心緒的時刻纏繞，讓林徽因以為，自己的生命就要走到盡頭了。

生命是一個圓，從一點出發，終要回到那個點上，誰都無法違抗這種引力。貧窮，飢餓，病痛……彷彿生活裡所有的苦難都曾對她不留情面，若非秉性堅韌，怕是早已夭折了信念，失掉了倔強。

病中堅強，生命的力量

在西方，肺結核被視為「一種浪漫化最徹底的疾病」。無論是浪漫多情的詩人拜倫、濟慈，還是憂鬱孤僻的作家法蘭茲・卡夫卡（Franz Kafka），抑或是天資聰穎的「鋼琴詩人」弗雷德里克・蕭邦（Frédéric Chopin），無一不是被肺結核侵蝕了健康。

而在東方，與他們同病相憐的，還有《紅樓夢》裡的林黛玉。彷彿，這種病有一種與生俱來的「優雅」與「多情」，成了神祕而富有美感的「藝術家之病」。

對於林徽因來說，這惱人的肺病並沒有摧垮她的意志，反倒讓她有了別樣的風韻。初見這位病懨懨的美人，林洙說：「我承認，一個人瘦到她那樣很難說是美人，但是即使到現在我仍舊認為，她是我一生中見到的最美、最有風度的女子。」當時的林徽因，大概也如林黛玉那般，弱柳扶風，悽美哀婉。只是，那骨子裡的柔情與優雅，讓她在疾病的襯托下有了超凡的氣質，閃耀著靈動的光彩。

終於懂得，為什麼人人都說她美。那美，無關容顏，無關華服，是一種內心的氣韻。沒有惡俗的濁氣，只是盈滿暗香。

1947 年 10 月 4 日，林徽因在寫給費慰梅的信上故作輕鬆地安慰她：

「我應當告訴你我為什麼到醫院來。別緊張。我只是來做個全面體檢。做一點小修小補──用我們建築術語來說，也許只是補幾處漏頂和裝幾扇紗窗。昨天下午，一整隊實習和住院大夫來徹底檢查我的病歷，就像研究兩次大戰史一樣……同時許多事情也在著手進行，看看都是些什麼地方出了毛病；用上了所有的現代手段和技術知識。如果結核菌現在不合作，它早晚也得合作。這就是其邏輯。」

生命裡，該來的定會如約而至。12月，手術前一天，林徽因為了以防萬一，給費慰梅寫了訣別信：「再見，最親愛的慰梅。要是你能突然闖進我的房間，帶來一盆花和一大串廢話和笑聲該有多好。」

而那首手術前創作的詩歌〈寫給我的大姊〉，更似遺言：

「當我去了，還有沒說完的話，

好像客人去後杯裡留下的茶；

說的時候，同喝的機會，都已錯過，

主客黯然，可不必再去惋惜它。

如果有點感傷，你把臉掉向窗外，

落日將盡時，西天上，總還留有晚霞。

……」

手術前，林徽因對梁思成綻出一個安靜的笑顏，然後被緩緩推進手術室。她將在這裡，等待命運的揭曉。

躺在無影燈下，林徽因彷彿看到命運被拖長的影子。她漸漸覺得，自己在向一個遙遠的、陌生的地方走去，沿著一條隧道進入洞穴，四周是盤古初開一樣的混沌。不知過了多久，她隱隱聽到了金屬器皿的碰撞聲。

生命的奇蹟又一次回到林徽因身上。手術很順利，但由於病人身體虛弱，所以傷口癒合得很慢。

與死神擦肩而過，讓林徽因仿若浴火重生。在梁思成的精心照料下，她又恢復了從前那股熱烈。梁思成寫給費正清夫婦的信上說：

「腎臟切除之後，徽因身體狀況有極大改善，有時夜間能連續睡上四個小時了。睡眠改善後，她的精神狀態明顯恢復，但是對於作為護士的我可不是什麼好事，她又開始詩性大作了⋯⋯」

幾日之內，林徽因就寫下十六首詩歌，並發表在當時的各大刊物上。她終究還是將文字撿拾了起來，彷彿這樣，她的心才不會荒蕪枯竭，靈魂才得以飛翔。

太過圓滿的，就不是人生。沒有體會過生活的清苦，沒有感受過生離死別的絕望，便也不會懂得拿捏生命的平衡，不知這世間，原來處處是景。人生渺渺如煙，她卻從不賦予傷悲以涼意，而是溫柔以待。

光明的道路，正從生命的一端鋪展而來。

拯救景泰藍

大家都知道，她是「康橋之戀」的女主角，風華絕代，才情斐然，卻鮮有人關注她在建築事業上的造詣與貢獻，還有她背後付出的超於常人的辛苦。往事如煙，舊日的深情已與回憶同

眠,而那些經她設計的建築圖案和藝術作品,卻隨著時間的打磨,越發流光溢彩。

在林徽因生命的最後幾年光陰裡,她把重心放在了對即將失傳的景泰藍傳統工藝品的拯救和保護上。

景泰藍距今已有五六百年的歷史,是一種以金銀銅等多種天然礦物質為材料,集美術、雕刻、鑲嵌、冶煉等技術為一體的傳統手工藝。景泰藍造型典雅,做工細膩,色彩莊重清雅,具有鮮明的民族風格。但是,因為幾百年來作坊式的操作和單調乏味的圖案,它面臨著快要停產失傳的危險。

為了能讓景泰藍起死回生,林徽因發起大家為它設計新的圖案。此時,她的身體越發虛弱,不能親自動筆,便由助手莫宗江完成她的創作構想。她就像虔誠的教徒一般,對這項工作投入了全部的心力和熱情。

清雅的幽藍,如同一朵純真的蘭花,在時光幽暗處翹首張望,等待一場前世今生的相遇。林徽因來了。她走進了這精巧別緻的傳統工藝,並用自己一雙纖弱的巧手,賦予了它新生。難怪人們說,林徽因與景泰藍有著「生死情緣」,是她,用自己生命裡的璀璨,為景泰藍文化發展史增補了美麗的注解。

保衛古城

「靈魂選擇自己的伴侶。然後,把門緊閉。她神聖的決定,不容干預。」這是美國女詩人艾蜜莉·狄金生(Emily Dickinson)在《靈魂選擇自己的伴侶》(*The Soul selects her own Society*)裡寫下的詩句。人的一生,貴在尋找心裡的光,如若遇見,便一身雪亮。

那是靈魂的自由與完整,有如天神。

1953年完成景泰藍搶救工作之後,林徽因的身子徹底垮了下來。她生命的能量彷彿徹底耗盡了。每到寒冬,她的病情就愈加嚴重,藥物已不能發揮功效,只能保持居室的溫度穩定。即使是一場感冒,對林徽因也是致命的。每到秋天,梁思成就要用牛皮紙把林徽因居室的牆壁和天花板全都糊起來,幾個火爐也早早地點上。

10月,中國建築學會成立,梁思成被推舉為副理事長,林徽因被選為理事。他們還同時兼任建築研究委員會委員。而此時,北京城裡興起了「拆城牆」運動。

這是梁思成和林徽因做夢也沒想到的。他們深深愛著這座高貴滄桑的城市,從金碧輝煌的宮殿到氣勢巍峨的城牆城門,從和平寧靜的四合院到建築群落上開闊的天際線。這些固有的風貌,是北京古城的精魂,是無論如何也不能拆毀的。

很快，林徽因和梁思成投入到保衛古城的「戰役」中，他們提出了「城市立體公園」的構想，即城牆上可以修建花池，栽種植物，供市民登高、乘涼；城牆角樓等可以闢為陳列館、閱覽室、點心鋪。因為這個構想，他們被劃為「城牆派」。

但地方首長認為，城牆是古代的防禦工事，是封建帝王統治的遺跡，必須拆除。

1953 年 5 月，對古建築的大規模拆除開始在城裡蔓延。梁思成和林徽因，為城牆疲於奔命。林徽因在肺病越來越嚴重的時候，仍然沒有放棄為古建築爭得一席之地，並在與副市長爭論時大聲譴責：

你們真把古董給拆了，將來要後悔的！即使再把它恢復起來，充其量也只是假古董！

一語成讖。

同年 7 月，因街上的牌樓引發了一起嚴重的交通事故，相關部門同意拆除巷子的兩座牌樓。當時，北京正急於建成一個新型城市，古建築的存在嚴重影響了城市新區的開發。

對此，林徽因的態度仍然十分明確：「保護文物和新建築是統一的……北京的九個城門是對稱的，一旦破壞，便不是本來的基礎了。」

林徽因對於古建築的情感是非常深厚的，正如梁從誡說的：「母親愛文學，但只是一種業餘愛好，往往是靈感來時才欣然命

筆，更不會去『為賦新詞強說愁』。然而，對於古建築，她卻和父親一樣，一開始就是當作一種近乎神聖的事業來獻身的。」

「在她已經病得幾乎走不動的時候，還能有那麼大的勇氣去做這件事，唯一的解釋就是她的社會責任感及歷史責任感在支持著她，她認為自己不可能做對不起民族及子孫後代的事。」對於林徽因重病時仍為北京老城牆一事奔波的行為，梁思成回憶說。

她是性格剛烈的女子，從來不會妥協自己的信仰。即使處境孤絕，她也依然持守自己的原則，從不向命運低頭。「當作一種近乎神聖的事業來獻身」，這句話，已注定了擔荷。

她走的路，令旁人望塵莫及。

文學精神領袖

如果說，建築被林徽因視為「神聖的事業」，那麼，文學創作則是她的靈性使然。作為一名建築學家，林徽因也許無意在文學領域做出多大成績，但是她過人的藝術涵養和文學天賦，以及機敏的思維和言辭，使其成為「京派文學的精神領袖」。

「京派文學」是1930年代中期北平的一個文學流派，它由活躍在北平和天津等北方城市的自由主義作家群組成。這些人大多是北平的教授和大學生，有的已經是享譽文壇的名家，有的是剛剛起步的明日之星。而林徽因似乎介於兩者之間，比新秀

有些資格，比起名家，又少了些像樣的作品。

現代普遍認為，沈從文是京派作家第一人，他使小說詩化、散文化，現實主義而又帶有浪漫主義氣息。按照蕭乾的說法，京派初期的「盟主」是周作人，但是周作人的前輩身分和消極思想已經與年輕一代的文人產生代溝。林徽因的文學素養不俗，人也生得美麗，又善言談，自然而然成了「當時京派的一股凝結力量」。

這一時期，林徽因在《新月》、《大公報》文藝副刊、《文學》和《文學雜誌》上發表了許多詩歌、小說、戲劇和文藝評論，同時還積極扶植新人，選編集結，設計封面，為發展「京派文學」做了不少貢獻。

1936 年 9 月，在上海籌辦《大公報》上海版的蕭乾回到北平，為紀念《大公報》文藝副刊接辦十週年，舉辦了全國性文藝作品徵文。林徽因選編的《大公報文藝叢刊小說選》這個時候到了最後審定階段。

這部小說選是林徽因受蕭乾之託編輯的。蕭乾到《大公報》之後，林徽因一直是他的熱情支持者，每個月蕭乾回到北平，總要在「來今雨軒」舉行茶會，邀來一、二十個朋友，一邊聊天，一邊品茶，談文學、談人生，蕭乾的許多稿子都是在這樣的茶會上徵得的。林徽因每請必到，每到必有一番宏論，語驚四座，成為茶會上令人注目的人物。蕭乾早就欽佩林徽因的藝

術鑑賞能力，在這年春天就把這件事委託了她。

《大公報文藝叢刊小說選》編選了三十篇作品，林徽因為作品集寫了序。在這篇序言中，她不僅概述了對入選作品的看法，而且直接闡述了她的文學觀點：

「作品最主要處是誠實。誠實的重要還在題材的新鮮、結構的完整、文字的流麗之上。即是作品需誠實於作者客觀所明瞭，主觀所體驗的生活⋯⋯所以一個作者，在運用文字的技術學問外，必須是能立在任何生活上面，能在主觀與客觀之間，感覺和了解之間，理智上進退有餘，情感上橫溢奔放，記憶與幻想交錯相輔，到了真即是假、假即是真的程度，他的筆下才現著活力真誠。他的作品才會充實偉大，不受題材或文字的影響，而能持久普遍地動人。」

小說集出版後，受到讀者的歡迎，很快售罄。於林徽因而言，文學創作終究只是她的愛好，不能算作事業。但是，對於自己編輯的文學作品能得到這樣良好的回饋，她終究還是感覺欣喜與欣慰的。建築寄託了她對藝術的想像，而文字，則是她在另一個世界裡，詩意的棲居。

林徽因一生留下的文學作品字數總共不過十萬，卻「篇篇珠玉」，堪稱絕佳之作。她的寫作，是生命熱情的迸發，是心坎裡流露出的深情，無論悲喜，字字關情。

不久之後，林徽因還與梁思成合作，為《大公報》文藝副刊

設計了若干幅插圖。其中一幅叫「犄角」的插圖，是他們在北戴河冒著暑熱趕製出來的。林徽因附信說：「現在圖案是畫好了，十之八九是思成的手筆。在選材及布局上，我們輪流擬草稿討論。說來慚愧，小小的一張東西，我們竟做了三天才算成功。好在趣味還好，並且是漢刻，用來對於創作前途有點吉利。」

蕭乾接到插圖非常高興，在使用時還特意加了評語，說這幅「美麗的圖案」、「壯麗典雅」，是這期副刊「精采的犄角」！

梁從誡在《倏忽人間四月天 —— 回憶我的母親林徽因》一文中說：

「母親文學活動的另一特點，是熱心於扶植比她更年輕的新人。她參加了幾個文學刊物或副刊的編輯工作，總是盡量為青年人發表作品提供機會；她還熱衷於和他們交談，鼓勵他們創作。她為之鋪過路的青年中，有些人後來成了著名作家。關於這些，認識她的文學前輩們大概還能記得。」

林徽因詩歌寫得好，散文、小說、戲劇、雜評的水準也頗為不俗，贏得了北平作家們的欽佩和喜愛。她經常發表關於文學的精闢見解，語驚四座。所以蕭乾說：「她又寫、又編、又評、又鼓勵大家。我甚至覺得她是京派的靈魂。」

她就像浩瀚蒼穹裡一顆明亮的星星，鋒芒耀眼，出類拔萃，總能帶給身邊的人美的享受和益處。

她對生命，永遠那樣認真。

生命的樂章

　　林徽因的詩，有一種東方的典雅之美，平靜自然，瀟灑流暢，就像她的為人，從不矯揉造作，永遠追求內心與外表的和諧統一。這種沒有偽態的自然與樸素，貫注了她文學創作的始終。

像個靈魂失落在街邊，
我望著十月天上十月的臉，
我向霧裡黑影上塗熱情
悄悄的看一團流動的月圓。
我也看人流著流著過去，來回
黑影中衝著波浪翻星點
我數橋上欄杆龍樣頭尾
像坐一條寂寞船，自己拉縴。
我像哭，像自語，我更自己抱歉！
自己焦心，同情，一把心緊似琴弦，——
我說啞的，啞的琴我知道，一出曲子
未唱，幻望的手指終未來在上面？

　　〈十月獨行〉裡，林徽因是一個在歲月中行走的孤獨者。她孑然一身，佇立在廣袤的天地中，看人來人往，細數那些被記憶雕刻的時光。如她在詩裡所說，「像坐一條寂寞船，自己拉

繹」，由自己尋找生命的真相。

　　林徽因的詩歌創作在京派文學的活動中逐漸走上巔峰。這個時期除了〈你是人間的四月天〉以外，她發表的主要詩作有〈十月獨行〉、〈雨後天〉、〈秋天，這秋天〉等。

> 是誰笑得那樣甜，那樣深，
> 那樣圓轉？一串一串明珠
> 大小閃著光亮，迸出天真！
> 清泉底浮動，泛流到水面上，
> 燦爛，
> 分散！
> 是誰笑得好花兒開了一朵？
> 那樣輕盈，不驚起誰。
> 細香無意中，隨著風過，
> 拂在短牆，絲絲在斜陽前
> 掛著
> 留戀。
> 是誰笑成這百層塔高聳，
> 讓不知名鳥雀來盤旋？
> 是誰笑成這萬千個風鈴的轉動，
> 從每一層琉璃的簷邊

搖上

雲天?

　　這首〈深笑〉可以說代表了林徽因當時詩歌風格的轉變,筆調變得清麗明快。同時也可以看出林徽因一個時期內整體上的美學追求,清新、細膩、純淨,彷彿每一個句子都有很高的透明度,同時又很講究韻律美、建築美、音樂美。

　　還有她的〈藤花前 ── 獨過靜心齋〉

紫藤花開了

輕輕的放著香,

沒有人知道⋯⋯

紫藤花開了

輕輕的放著香,

沒有人知道。

樓不管,曲廊不作聲,

藍天裡白雲行去,

池子一脈靜;

水面散著浮萍,

水底下掛著倒影。

紫藤花開了

沒有人知道!

> 藍天裡白雲行去，
>
> 小院。
>
> 無意中我走到花前。
>
> 輕香，風吹過
>
> 花心，
>
> 風吹過我，——
>
> 望著無語，紫色點。

用獨特的意象、全新的審美角度，像工匠用彩瓦砌造鐘樓一樣，她用語言營造著一個完美的藝術建構，彷彿心的背面，也沐浴著春日明媚的陽光。

古典主義的理性與典雅、浪漫主義的熱情與明朗、象徵主義的含蓄與隱祕，這三者在她詩中的統一，以及古典主義風格的託物寓興與現代主義的意象表情的對立統一，共同構成了她在這個時期的藝術風格。

但林徽因的詩歌才華並不是這時候才被人認可的。早在到香山養病期間，她就已經寫下了不少水準不俗的作品。1931年4月的《詩刊》第二期，發表了林徽因的三首愛情詩：〈那一晚〉、〈誰愛這不息的變幻〉、〈仍然〉。當時她的筆名是「尺棰」。

到了香山後，香山的春日更引發了她的詩興，她便如癡如醉地寫起詩來。她的每一首詩都與自然和生命息息相關。她的詩歌受到英國唯美派詩人的影響，在早期體現得更加明顯。

笑的是她的眼睛，口唇，

和唇邊渾圓的漩渦。

豔麗如同露珠，

朵朵的笑向

貝齒的閃光裡躲。

那是笑 —— 神的笑，美的笑；

水的映影，風的輕歌。

笑的是她惺忪的鬢髮，

散亂的挨著她耳朵。

輕軟如同花影，

癢癢的甜蜜

湧進了你的心窩。

那是笑 —— 詩的笑，畫的笑：

雲的留痕，浪的柔波。

「那是笑 —— 詩的笑，畫的笑」，這一句，甜到人的心裡，燦爛無比。這首詩是林徽因早年寫下的，浮動著生命氣息的旋律，從眼神裡，從嘴角邊，從甜美的微笑裡靜靜流淌。美好得似乎伸手便可觸碰，一觸碰卻又消逝無影。

這段日子裡，林徽因還創作了〈一首桃花〉、〈激昂〉、〈蓮燈〉、〈情願〉、〈中夜鐘聲〉、〈山中一個夏夜〉等詩歌。這是她

寫詩最多的一個時期。這個時期的作品，傳達出她對生活和生命的熱愛，情感細膩，構思巧妙，以獨特的想像，創造了一個內心情感和思想的詩性世界，具有音樂、繪畫和建築美。

從這個花季始，她走上了詩歌創作的漫長旅程。

柔軟而寧靜的天地

林徽因自小長在書香門第，青年時代旅居歐陸，而後，又在北平濃郁的文化氛圍中深受薰陶，這一切，鑄煉了她對生活的熱愛，培養了她用文字寄託情感的能力。

在香山養病期間，林徽因創作了她的小說處女作《窘》，發表於《新月》月刊第三卷第九期。這篇一萬兩千多字的小說，敘述的是一個剛剛進入中年的知識分子維杉，面對現實生活中的經濟窘況和精神壓抑的雙重尷尬。

在這篇小說中，林徽因首次提出「代溝」的概念。這道溝是有形的，它無處不在，處處讓人感到一種生存的壓迫；它又是無形的，彷彿兩個永恆之間一道看不見的深壑。

林徽因以細緻入微的心理描寫手法，刻劃出維杉這種無處不在的「窘」：

「—— 他不痛快極了，挺起腰來健步走到旁邊小路上，表示不耐煩。不耐煩的臉本來與他最相宜的，他一失掉了『不耐

煩」的神情，他便好像丟掉了好朋友，心裡便不自在。懂得吧？他繞到後邊，隔岸看一看白塔，它是自在得很，永遠帶些不耐煩的臉站著，──還是坐著？──它不懂得什麼年輕，老。這一些無聊的日月，它只是站著不動，腳底下自有湖水，亭榭松柏，楊柳，人，──老的小的──忙著他們更換的糾紛！

「要活著就別想」，維杉後來不得不這樣安慰自己。維杉感覺到這世界和自己之間隔著深深的一道溝壑。「橋是搭得過去的，不過深溝仍然是深溝，你搭多少橋，溝是仍然不會消滅的。」這是一代人的悲劇，作為知識分子的維杉，只不過是比別人更早地體會到了這一點。

故事的最後，少朗的女兒芝請維杉替她去美國的同學寫一封介紹信，少朗問：「你還在和碧諦聯絡嗎？還有雷茵娜？」「很少……」維杉又覺得窘到極點了。過去那點有色彩的生活，也被這「代溝」給分隔開了，甚至沒有回望生活的權利。

生活狀態的窘迫，是心理狀態窘迫的反應。這篇小說創作出了整整一代人的生存尷尬，這裡面有社會的、歷史的、道德的、觀念的因素，但最本質的還是那道看不見、摸不到，卻又無處不在的鴻溝。

林徽因的另一部重要的小說是《九十九度中》，在葉公超主編的《學文》雜誌創刊號發表後，引起了較大的反響和同代作家的注意。

這是一個充滿象徵和寓意的故事。李健吾先生早在 1935 年就給予林徽因的小說《九十九度中》很高的評價。他說：「《九十九度中》正是一個人生的橫切面。在這樣一個北平，作者把一天的大大小小事情披露在我們眼前，沒有組織，卻有組織；沒有條理，卻有條理；沒有故事，卻有故事，而且有那樣多的故事；沒有技巧，卻處處透露匠心。……一個女性細密而蘊藉的情感，一切在這裡輕輕地彈起共鳴，卻又和粼粼水波一樣輕輕地滑開。」

《九十九度中》以一幅全景式的北平平民生活的民俗風情畫，呈現了市民階層一個生活的橫斷面。小說中處處洋溢著一個「熱」字，有錢的人熱熱鬧鬧地祝壽，熱熱鬧鬧地娶媳婦；生活在下層社會裡的挑夫、洋車伕忙忙碌碌地為生活奔波，一切都是混亂的、無序的，彷彿這世界就是一口熱氣騰騰的開水鍋，所有的面孔都在這生活的蒸汽裡迷離著。

小說通篇沒有一個「冷」字，連冰菜餚的冰塊都「熱」得要融化了，卻字字句句帶著逼人的寒氣。林徽因以九十九度來比照生命的零度，以哲學的關照俯瞰人生，就好比《紅樓夢》中的「風月寶鑑」，美人的另一面便是骷髏。

這是人生真正的殘酷所在。

《吉公》也是林徽因有名的短篇小說，寫了一個身分卑微卻靈魂高貴的小人物。吉公本是作者「外曾祖母抱來的孩子」，

因此在家中的地位十分尷尬，介於食客和下人之間，但聰明絕頂。他喜歡操作小機械，房間裡像一個神祕的作坊，他能修理手錶，自稱厲害的手錶修理匠也比不過他，他還會照相，這在當時很是了不起，因此總能得到許多女人的青睞。

《吉公》透露出生命最本質的生存形態——對生命意志的張揚和對靈魂自由的渴求。他不需要別人恩賜他的生活，他要憑著自己的努力去奮鬥、去追求。

「京派文學」活躍的時期，是林徽因文學創作生涯裡最輝煌的時期。她一生創作的文學作品數量並不多，卻都堪稱文學中的經典。正是透過這些作品，我們才能了解林徽因那隱含於靈動的文字下，清新自然的文藝情懷。

這些富有氣韻和思想的文字，是林徽因生命裡柔軟、寧靜的一方天地。在這裡，萬物靜默如謎，唯詩情純摯不息。

萬古人間四月天 —— 永恆的徽因

記憶斑駁了流年，往事靜默在輕柔的詩意裡，祭奠著，那一場奼紫嫣紅的花事。多想，你是一季永不凋零的春意盎然；多想，你是一首笑語嫣然的詩情畫意；多想，你的名字永遠留在人間四月，在那一縷捲簾清風裡，永不老去。

該來的還是會來。

1954年秋冬之際，林徽因再一次病倒了。這次是真的再也起不來——連掙扎著起床的力氣也被肺病抽得一乾二淨。《中國建築彩畫圖案》序文的校樣已經送來好幾天了，她剛讀了幾行就頭昏眼花。光是靠在床上什麼也不做，冷汗就止不住地淌。她整夜整夜地咳嗽，片刻安睡都是奢侈。林徽因面如死灰，雙眼深陷得嚇人。

　　梁思成也病了，但他還是拖著病體照顧著妻子。從清華園進城一次很不容易，每次去城內的醫院做檢查對他們來說都是一次考驗。而林徽因的身體也實在不能抵禦郊外的寒冷。為了方便治療，梁思成計劃到市區內租房子，可還沒等安排妥當，他就病倒了。他從妻子那裡傳染的肺結核復發，必須住院治療。

　　梁思成和林徽因都住進了醫院。他們的病房緊鄰著，雖然從這一間到那一間只要走兩分鐘，但他們都沒力氣走動。

　　梁思成沒有住院的時候，還能三天兩頭到醫院來一趟。現在他就在她隔壁，卻一步都不能走近她。他們只得拜託送藥的護士每天傳一張紙條，相互問候。

　　一道牆壁，卻像隔著萬水千山，似乎要把他們永遠地分開。林徽因已經很久不敢照鏡子了，她怕在那塊明亮的玻璃上，看到自己瘦骨嶙峋的面容和一生跌跌撞撞的路程。她的床頭一直放著一本拜倫的詩選，醫院的醫生和護士常常能聽見她低聲地誦讀著那些詩句。

沒有力氣翻動書頁的時候,她就把手放在書本上,彷彿要從書本裡汲取一些力量。

1955年的春節,夫妻倆是在醫院裡度過的。再冰和從誡回來了。他們從父親的病房到母親的病房,跟他們講學校裡發生的趣事、社會上的見聞。這是梁思成和林徽因一天中最快樂的時光。孩子們離去後,幸福的微笑還久久地停留在他們憔悴的臉上。

一些老朋友和清華建築系的師生也不時前來探病。他們大多住在學校,進城不方便,梁思成和林徽因總是勸他們不要再折騰了。春節過後,梁思成的病情稍微好了些,醫生允許他輕微活動活動。每天等醫生查完房,護士打完針,他就來到林徽因的病房陪著她。他們挨在一起小聲地聊著天。一直以來,妻子都是談話的主角,丈夫是聽眾,現在他們的角色終於互換了。林徽因驚訝地發現,原來丈夫竟然是這麼健談,而且記憶力驚人。從年少時的趣事,到他們初次相見,到賓大的甜蜜和爭吵,到李莊的相濡以沫不離不棄……每一件事他都記得這麼清楚。林徽因聽著梁思成的回憶,那些往事又像放電影一樣在眼前上演了,青春的影子在飄搖著。

梁思成擔心林徽因會疲勞,說一會兒,就讓她閉目養神。這時候他偶爾回到自己房間,大多數情況下還是留在妻子身邊陪著她。什麼都不說,什麼都不做,只是安靜地待在一起。這是一段靜謐的,完全屬於他們的時間。從美國讀書回來後,他

們就很少有這樣的時光了,每一天都為事業、為生活忙碌而不得閒。現在,反倒是這場病,給了他們難得的清閒時光。

林徽因非常平靜,她絲毫沒有表現出對死亡的恐懼。十年前,甚至更早,她就已經做好了一切準備。她來過這個世界,每天都沒有浪費地努力地活著;她的愛人還在她身邊,戰爭和疾病都沒能把他們分開;孩子們長大了,有自己的主見和未來;她有自己鍾愛一生的事業,建築、文學、藝術,這些給了她莫大的快樂和安慰,支撐她熬過一個個病痛的白天夜晚。她什麼都有了,不再遺憾。

梁思成的心情卻截然相反。看著妻子一天天衰竭,他心如刀絞,卻又無能為力。他絕望地向老天乞求著,乞求生命的奇蹟再一次降臨。他害怕林徽因這次真的要走了,丟下他在這個他越來越不懂的世界裡徬徨。她常常在劇烈的咳嗽之後閉著眼睛微微喘氣,好一會兒才能緩過來。她垂著眼瞼的樣子,那安靜的神態讓他想起他們的第一次相遇。

1955 年 4 月 1 日,清晨 6 點,林徽因走完了她五十一年的人生。在一天中最清新的時刻,世界剛剛睡醒,朝露還沒有蒸發。此時,天堂的大門剛剛打開,正準備迎接這個美麗絕倫的靈魂。

4 月 3 日,林徽因的追悼會在賢良寺舉行。在眾多的輓聯中,她一生的摯友金岳霖教授和鄧以蟄教授合寫的輓聯最引人注目:

萬古人間四月天—永恆的徽因

「一身詩意千尋瀑,萬古人間四月天」

這是對林徽因一生最好的注解。

林徽因曾和梁思成互有約定,誰先去世,活著的那個要為他(她)設計墓碑。梁思成履行了最後的承諾。他設計的墓體簡潔、樸實、莊重 —— 也許,林徽因在他的心中,就是這個樣子。墓碑上,除了生辰年月,便只有「建築師林徽因之墓」幾個字。

生如夏花之絢爛,死若秋葉之靜美。她一生的華美,斷不是庸常之人所能企及,亦足以無悔。活著的時候喜歡熱鬧,死去時,卻像青鳥一樣倦而知返,在月色還未散去的清晨踏著薄霧而去。

一代才女的人生,被季節封存在人間四月。

人間四月，以生命書寫輝煌

附錄一　林徽因詩歌選

蓮燈

如果我的心是一朵蓮花，
正中擎出一枝點亮的蠟，
熒熒雖則單是那一剪光，
我也要它驕傲的捧出輝煌。
不怕它只是我個人的蓮燈，
照不見前後崎嶇的人生——
浮沉它依附著人海的浪濤
明暗自成了它內心的祕奧。
單是那光一閃花一朵——
像一葉輕舸駛出了江河——
宛轉它飄隨命運的波湧
等候那陣陣風向遠處推送。
算做一次過客在宇宙裡，
認識這玲瓏的生從容的死，

附錄一　林徽因詩歌選

這飄忽的途程也就是個——
也就是個美麗美麗的夢。

二十一年七月半，香山

情願

我情願化成一片落葉，
讓風吹雨打到處飄零；
或流雲一朵，在澄藍天，
和大地再沒有些牽連。
但抱緊那傷心的標誌，
去觸遇沒著落的悵惘；
在黃昏，夜半，躡著腳走，
全是空虛，再莫有溫柔；
忘掉曾有這世界；有你；
哀悼誰又曾有過愛戀；
落花似的落盡，忘了去
這些個淚點裡的情緒。
到那天一切都不存留，
比一閃光，一息風更少

痕跡,你也要忘掉了我

曾經在這世界裡活過。

激昂

我要借這一時的豪放和從容,

靈魂清醒的再喝一泉甘甜的鮮露,

來揮動思想的利劍,

舞它那一瞥最敏銳的

鋒芒,像皚皚塞野的雪

在月的寒光下閃映,

噴吐冷激的輝豔;──斬,

斬斷這時間的纏綿,

和猥瑣網布的糾紛,

剖取一個無瑕的透明,

看一次你,純美,

你的裸露的莊嚴。

……

然後踩登任一座高峰,

攀牽著白雲和錦樣的霞光,

附錄一　林徽因詩歌選

跨一條長虹，瞰臨著澎湃的海，

在一穹勻淨的澄藍裡，

書寫我的驚訝與歡欣，

獻出我最熱的一滴眼淚，

我的信仰，至誠，和愛的力量，

永遠膜拜，

膜拜在你美的面前！

　　　　　　　　　　　　　五月，香山

展緩

當所有的情感都併入一股哀怨，

如小河，大河，匯向著無邊的大海，

　──不論怎麼衝擊，怎樣盤旋，──

那河上勁風，大小石卵，

所做成的幾處逆流小小港灣，

就如同那生命中，無意的寧靜

避開了主流；情緒的平波越出了悲愁。

停吧，這奔馳的血液；

它們不必全然廢弛的

都去造成眼淚。
不妨多幾次輾轉,溯迴流水,
任憑眼前這一切撩亂,
這所有,去建築邏輯。
把絕望的結論,稍稍遲緩,拖延時間,——
拖延理智的判斷,——
會再給純情感一種希望!

那一晚

那一晚我的船推出了河心,
澄藍的天上托著密密的星。
那一晚你的手牽著我的手,
迷惘的星夜封鎖起重愁。
那一晚你和我分定了方向,
兩人各認取個生活的模樣。
到如今我的船仍然在海面飄,
細弱的桅桿常在風濤裡搖。
到如今太陽只在我背後徘徊,
層層的陰影留守在我周圍。

附錄一　林徽因詩歌選

　　到如今我還記著那一晚的天，
　　星光、眼淚、白茫茫的江邊！
　　到如今我還想念你岸上的耕種：
　　紅花兒黃花兒朵朵的生動。
　　那一天我希望要走到了頂層，
　　蜜一般釀出那記憶的滋潤。
　　那一天我要挎上帶羽翼的箭，
　　望著你花園裡射一個滿弦。
　　那一天你要聽到鳥般的歌唱，
　　那便是我靜候著你的讚賞。
　　那一天你要看到零亂的花影，
　　那便是我私闖入當年的邊境！

一首桃花

　　桃花，
　　那一樹的嫣紅，
　　像是春說的一句話：
　　朵朵露凝的嬌豔，
　　是一些玲瓏的字眼，

一瓣瓣的光致，

又是些柔的匀的吐息；

含著笑，

在有意無意間生姿的顧盼。

看，──

那一顫動在微風裡，

她又留下，淡淡的，

在三月的薄唇邊，

一瞥，

一瞥多情的痕跡！

二十年五月，香山

山中一個夏夜

山中有一個夏夜，深得像沒有底一樣，

黑影，松林密密的；周圍沒有點光亮。

對山閃著只一盞燈 ── 兩盞像夜的眼，夜的眼在看！

滿山的風全躡著腳，

像是走路一樣，

躲過了各處的枝葉各處的草，不響。

附錄一　林徽因詩歌選

　　單是流水，不斷的在山谷上

　　石頭的心，石頭的口在唱。

　　蟲鳴織成那一片靜，寂寞像垂下的帳幔；

　　仲夏山林在內中睡著，

　　幽香四下裡浮散。

　　黑影枕著黑影，默默的無聲，

　　夜的靜，卻有夜的耳在聽！

一九三一年

深夜裡聽到樂聲

　　這一定又是你的手指，

　　輕彈著，

　　在這深夜，稠密的悲思。

　　我不禁頰邊泛上了紅，

　　靜聽著，

　　這深夜裡弦子的生動。

　　一聲聽從我心底穿過，

　　忒淒涼，

　　我懂得，但我怎能應和？

生命早描定她的式樣,
太薄弱,
是人們的美麗的想像。
除非在夢裡有這麼一天,
你和我同來攀動那根希望的弦。

誰愛這不息的變幻

誰愛這不息的變幻,她的行徑?
催一陣急雨,抹一天雲霞,月亮,
星光,日影,在在都是她的花樣,
更不容峰巒與江海偷一刻安定。
驕傲的,她奉著那荒唐的使命:
看花放蕊樹凋零,嬌娃做了娘;
叫河流凝成冰雪,天地變了相;
都市喧譁,再寂成廣漠的夜靜!
雖說千萬年在她掌握中操縱,
她不曾遺忘一絲毫髮的卑微。
難怪她笑永恆是人們造的謊,
來撫慰戀愛的消失,死亡的痛。

附錄一　林徽因詩歌選

但誰又能參透這幻化的輪迴，
誰又大膽地愛過這偉大的變幻？

　　　　　　　　　　　　香山，四月十二日

你是人間的四月天

我說你是人間的四月天；
笑響點亮了四面風；
輕靈在春的光豔中交舞著變。
你是四月早天裡的雲煙，
黃昏吹著風的軟，
星子在無意中閃，細雨點灑在花前。
那輕，那娉婷，你是，
鮮妍百花的冠冕你戴著，你是
天真，莊嚴，你是夜夜的月圓。
雪化後那片鵝黃，你像；新鮮
初放芽的綠，你是；柔嫩喜悅
水光浮動著你夢期待中白蓮。
你是一樹一樹的花開，是燕
在梁間呢喃，——你是愛，是暖，
是希望，你是人間的四月天！

附錄二　林徽因散文選

悼志摩

　　十一月十九日我們的好朋友，許多人都愛戴的新詩人徐志摩，突兀的，不可信的，慘酷的，在飛機上遇險而死去。這消息在二十日的早上像一根針炙猛觸到許多朋友的心上，頓使那一早的天墨一般地昏黑，哀慟的咽哽鎖住每一個人的嗓子。

　　志摩……死……誰曾將這兩個句子聯在一處想過！他是那樣活潑的一個人，那樣剛剛站在壯年的頂峰上的一個人。朋友們常常驚訝他的舉動，他那像小孩般的精神和認真，誰又會想到他死？突然的，他闖出我們這共同的世界，沉入永遠的靜寂，不給我們一點預告、一點準備，或是一個最後希望的餘地。這種幾乎近於忍心的決絕，那一天不知震麻了多少朋友的心？現在那不能否認的事實，仍然無情地擋在我們前面。任憑我們多苦楚地哀悼他的慘死，多迫切地希冀能夠仍然接觸到他原來的音容，事實是不會為體貼我們這悲念而有些須更改；而他也再不會為不忍我們這傷悼而有些須活動的可能！這難堪的永遠靜寂和消沉便是死的最殘酷處。

附錄二　林徽因散文選

　　我們不迷信的，沒有宗教地望著這死的幃幕，更是絲毫沒有把握。張開口我們不會呼籲，閉上眼不會入夢，徘徊在理智和情感的邊沿，我們不能預期後會，對這死，我們只是永遠發怔，吞嚥枯澀的淚，待時間來剝削這哀慟的尖銳，痂結我們每次悲悼的創傷。那一天下午初得到消息的許多朋友不是全跑到胡適之先生家裡嗎？但是除卻拭淚相對，默然圍坐外，誰也沒有主意，誰也不知有什麼話說，對這死！

　　誰也沒有主意，誰也沒有話說！事實不容我們安插任何的希望，情感不容我們不傷悼這突兀的不幸，理智又不容我們有超自然的幻想！默然相對，默然圍坐……而志摩則仍是死去沒有回頭，沒有音訊，永遠地不會回頭，永遠地不會再有音訊。

　　我們中間沒有絕對信命運之說的，但是對著這不測的人生，誰不感到驚異，對著那許多事實的痕跡又如何不感到人力的脆弱，智慧的有限。世事盡有定數？世事盡是偶然？對這永遠的疑問我們什麼時候能有完全的把握？

　　在我們前邊展開的只是一堆堅質的事實：「是的，他十九晨有電報來給我……」

　　「十九早晨，是的！說下午三點準到南苑，派車接……」

　　「電報是九時從南京飛機場發出的……」

　　「剛是他開始飛行以後所發……」

　　「派車接去了，等到四點半……說飛機沒有到……」

「沒有到……航空公司說濟南有霧……很大……」

只是一個鐘頭的差別；下午三時到南苑，濟南有霧！誰相信就是這一個鐘頭中便可以有這麼不同事實的發生，志摩，我的朋友！

他離平的前一晚我仍見到，那時候他還不知道他次晨南旅的，飛機改期過三次，他曾說如果再改下去，他便不走了的。我和他同由一個茶會出來，在總布衚衕口分手。在這茶會裡我們請的是為太平洋會議來的一個柏雷博士，因為他是志摩生平最愛慕的女作家曼殊斐兒的姊丈，志摩十分地殷勤；希望可以再從柏雷口中得些關於曼殊斐兒早年的影子，只因限於時間，我們茶後匆匆地便散了。晚上我有約會出去了，回來時很晚，聽差說他又來過，適遇我們夫婦剛走，他自己坐了一會兒，喝了一壺茶，在桌上寫了些字便走了。我到桌上一看：──

「定明早六時飛行，此去存亡不卜……」我怔住了，心中一陣不痛快，卻忙給他一個電話。

「你放心，」他說，「很穩當的，我還要留著生命看更偉大的事蹟呢，哪能便死？……」

話雖是這樣說，他卻是已經死了整兩週了！

凡是志摩的朋友，我相信全懂得，死去他這樣一個朋友是怎麼一回事！

現在這事實一天比一天更固定，更不容否認。志摩是死了，

附錄二　林徽因散文選

　　這個簡單慘酷的實際早又添上時間的色彩,一週,兩週,一直地增長下去……。

　　我不該在這裡語無倫次地儘管呻吟我們做朋友的悲哀情緒。歸根說,讀者抱著我們的文字看,也就是像志摩的請柏雷一樣,要從我們口裡再聽到關於志摩的一些事。這個我明白,只怕我不能使你們滿意,因為關於他的事,動聽的,使青年人知道這裡有個不可多得的人格存在的,實在太多,決不是幾千字可以表達得完。誰也得承認像他這樣的一個人世間便不輕易有幾個的,無論在在哪裡。

　　我認得他,今年整十年,那時候他在倫敦經濟學院,尚未去康橋。我初次遇到他,也就是他初次認識到影響他遷學的迻更生先生。不用說他和我父親最談得來,雖然他們年歲上差別不算少,一見面之後便互相引為知己。他到康橋之後由迻更生介紹進了皇家學院,當時和他同學的有我姊丈溫君源寧。一直到最近兩月中源寧還常在說他當時的許多笑話,雖然說是笑話,那也是他對志摩最早的一個驚異的印象。志摩認真的詩情,絕不含有絲毫矯偽,他那種痴,那種孩子似的天真實能令人驚訝。源寧說,有一天他在校舍裡讀書,外邊下了傾盆大雨——唯是英倫那樣的島國才有的狂雨——忽然他聽到有人猛敲他的房門,外邊跳進一個被雨水淋得全溼的客人。不用說他便是志摩,一進門一把扯著源寧向外跑,說快來我們到橋上去等著。這一來把源寧怔住了,他問志摩等什麼在這大雨裡。志摩睜大

了眼睛，孩子似的高興地說「看雨後的虹去」。源寧不止說他不去，並且勸志摩趁早將溼透的衣服換下，再穿上雨衣出去，英國的溼氣豈是兒戲，志摩不等他說完，一溜煙地自己跑了！

以後我好奇地曾問過志摩這故事的真確，他笑著點頭承認這全段故事的真實。我問：那麼下文呢，你立在橋上等了多久，並且看到虹了沒有？他說記不清，但是他居然看到了虹。我詫異地打斷他對那虹的描寫，問他：怎麼他便知道，準會有虹的。他得意地笑答我說：「完全詩意的信仰！」

「完全詩意的信仰」，我可要在這裡哭了！也就是為這「詩意的信仰」他硬要借航空的方便達到他「想飛」的宿願！「飛機是很穩當的，」他說，「如果要出事那是我的運命！」他真對運命這樣完全詩意的信仰！

志摩我的朋友，死本來也不過是一個新的旅程，我們沒有到過的，不免過分地懷疑，死不定就比這生苦，「我們不能輕易斷定那一邊沒有陽光與人情的溫慰」，但是我前邊說過最難堪的是這永遠的靜寂。我們生在這沒有宗教的時代，對這死實在太沒有把握了。這以後許多思念你的日子，怕要全是昏暗的苦楚，不會有一點點光明，除非我也有你那美麗的詩意的信仰！

我個人的悲緒不竟又來擾亂我對他生前許多清晰的回憶，朋友們原諒。

詩人的志摩用不著我來多說，他那許多詩文便是估價他的天

附錄二　　林徽因散文選

秤。我們新詩的歷史才是這樣的短,恐怕他的判斷人尚在我們兒孫輩的中間。我要談的是詩人之外的志摩。人家說志摩的為人只是不經意的浪漫,志摩的詩全是抒情詩,這斷語從不認識他的人聽來可以說很公平,從他朋友們看來實在是對不起他。志摩是個很古怪的人,浪漫固然,但他人格裡最精華的卻是他對人的同情,和藹,和優容;沒有一個人他對他不和藹,沒有一種人,他不能優容,沒有一種的情感,他絕對地不能表同情。我不說了解,因為不是許多人愛說志摩最不解人情麼?我說他的特點也就在這上頭。

我們尋常人就愛說了解;能了解的我們便同情,不了解的我們便很落漠乃至於酷刻。表同情於我們能了解的,我們以為很適當;不表同情於我們不能了解的,我們也認為很公平。志摩則不然,了解與不了解,他並沒有過分地誇張,他只知道溫存、和平、體貼,只要他知道有情感的存在,無論出自何人,在何等情況之下,他理智上認為適當與否,他全能表幾分同情,他真能體會原諒他人與他自己不相同處。從不會刻薄地單支出嚴格的迫仄的道德的天秤指摘凡是與他不同的人。他這樣的溫和,這樣的優容,真能使許多人慚愧,我可以忠實地說,至少他要比我們多數的人偉大許多;他覺得人類各種的情感動作全有它不同的,價值放大了的人類的眼光,同情是不該只限於我們劃定的範圍內。他是對的,朋友們,歸根說,我們能夠懂得幾個人,了解幾樁事,幾種情感?哪一樁事,哪一個人沒

有多面的看法！為此說來志摩朋友之多，不是個可怪的事；凡是認得他的人不論深淺對他全有特殊的感情，也是極自然的結果。而反過來看他自己在他一生的過程中卻是很少得著同情的。不止如是，他還曾為他的一點理想的愚誠幾次幾乎不見容於社會。但是他卻未曾為這個而鄙吝他給他人的同情心，他的性情，不曾為受了刺激而轉變刻薄暴戾過，誰能不承認他幾有超人的寬量。

　　志摩的最動人的特點，是他那不可信的純淨的天真，對他的理想的愚誠，對藝術欣賞的認真，體會情感的切實，全是難能可貴到極點。他站在雨中等虹，他甘冒社會的大不韙爭他的戀愛自由；他坐曲折的火車到鄉間去拜哈代，他拋棄博士一類的引誘捲了書包到英國，只為要拜羅素做老師，他為了一種特異的境遇，一時特異的感動，從此在生命途中冒險，從此拋棄所有的舊業，只是嘗試寫幾行新詩──這幾年新詩嘗試的運命並不太令人踴躍，冷嘲熱罵只是家常便飯──他常能走幾里路去採幾莖花，費許多周折去看一個朋友說兩句話；這些，還有許多，都不是我們尋常能夠輕易了解的神祕。我說神祕，其實竟許是傻，是痴！事實上他只是比我們認真，虔誠到傻氣，到痴！他愉快起來，他的快樂的翅膀可以碰得到天，他憂傷起來，他的悲戚是深得沒有底。尋常評價的衡量在他手裡失了效用，利害輕重他自有他的看法，純是藝術的情感的脫離尋常的原則，所以往常人常聽到朋友們說到他總愛帶著嗟嘆的口吻說：

附錄二　林徽因散文選

「那是志摩，你又有什麼法子！」他真的是個怪人麼？朋友們，不，一點都不是，他只是比我們近情，近理，比我們熱誠，比我們天真，比我們對萬物都更有信仰，對神，對人，對靈，對自然，對藝術！

朋友們，我們失掉的不止是一個朋友，一個詩人，我們丟掉的是個極難得可愛的人格。

至於他的作品全是抒情的嗎？他的興趣只限於情感嗎？更是不對。志摩的興趣是極廣泛的。就有幾件，說起來，不認得他的人便要奇怪。他早年很愛數學，他始終極喜歡天文，他對天上星宿的名字和部位就認得很多，最喜暑夜觀星，好幾次他坐火車都是帶著關於宇宙的科學的書。他曾經瘋過愛因斯坦的相對論，並且在一九二二年便寫過一篇關於相對論的東西登在《民鐸》雜誌上。他常向思成說笑：「任公先生的相對論的知識還是從我徐君志摩大作上得來的呢，因為他說他看過許多關於愛因斯坦的哲學都未曾看懂，看到志摩的那篇才懂了。」今夏我在香山養病，他常來閒談，有一天談到他幼年上學的經過和美國克拉克大學兩年學經濟學的景況，我們不禁對笑了半天，後來他在他的《猛虎集》的「序」裡也說了那麼一段。可是奇怪的！他不像許多天才，幼年裡上學，不是不及格，便是被斥退，他是常得優等的，聽說有一次康乃爾暑校裡一個極嚴的經濟教授還寫了信去克拉大學教授那裡恭維他的學生，關於一門很難的功課。我不是為志摩在這裡誇張，因為事實上只有為了這樁

事,今夏志摩自己便笑得不亦樂乎!

　　此外他的興趣對於戲劇繪畫都極深濃,戲劇不用說,與詩文是那麼接近,他領略繪畫的天才也頗可觀,後期印象派的幾個畫家,他都有極精密的愛惡,對於文藝復興時代那幾位,他也很熟悉,他最愛波提且利和達文西。自然他也常承認文人喜畫常是間接地受了別人論文的影響,他的,就受了弗萊和斐德的不少。對於建築審美,他常常對思成和我道歉說:「太對不起,我的建築常識全是約翰‧拉斯金那一套。」他知道我們是最討厭 Ruskins 的。但是為看一個古建的殘址,一塊石刻,他比任何人都熱心,都更能靜心領略。

　　他喜歡色彩,雖然他自己不會作畫,暑假裡他曾從杭州寫給我幾封信,他自己叫它們作「描寫的水彩畫」,他用英文極細緻地寫出西(邊?)桑田的顏色,每一分嫩綠,每一色鵝黃,他都仔細地觀察到。又有一次,他望著我園裡一帶斷牆半晌不語,過後他告訴我說,他正在默默體會,想要描寫那牆上向晚的豔陽和剛剛入秋的藤蘿。

　　對於音樂,中西的他都愛好,不止愛好,他那種熱心便喚醒過北平一次 —— 也許唯一的一次 —— 對音樂的注意。誰也忘不了那一年,客拉司拉到北平在「真光」拉一個多鐘頭的提琴。對舊劇他也得算「在行」,他最後在北平那幾天我們曾接連地一起去聽好幾齣戲,回家時我們討論的熱鬧,比任何劇評都誠懇都起勁。

附錄二　　林徽因散文選

　　誰相信這樣的一個人，這樣忠實於「生」的一個人，會這樣早地永遠地離開我們另投一個世界，永遠地靜寂下去，不再透些須聲息！

　　我不敢再往下寫，志摩若是有靈聽到比他年輕許多的一個小朋友拿著老聲老氣的語調談到他的為人不覺得不快嗎？這裡我又來個極難堪的回憶，那一年他在這同一個的報紙上寫了那篇傷我父親慘故的文章，這夢幻似的人生轉了幾個彎，曾幾何時，卻輪到我在這風緊夜深裡握筆弔他的慘變。這是什麼人生？什麼風濤？什麼道路？志摩，你這最後的解脫未始不是幸福，不是聰明，我該當羨慕你才是。

唯其是脆嫩

　　活在這非常富於刺激性的年頭裡，我敢喘一口氣說，我相信一定有多數人成天裡為觀察聽聞到的，牽動了神經，從跳動而有血裏著的心底下累積起各種的情感，直衝出嗓子，逼成了語言到舌頭上來。這自然豐富的累積，有時更會傾溢位少數人的唇舌，再奔進到筆尖上，另具形式變成在白紙上馳騁的文字。這種文字便全是我們這個時代的出產，大家該千萬珍視它！

　　現在，無論在哪裡，假如有一個或多種的機會，我們能把許多這種自然觸發出來的文字，交出給同時代的大眾見面，因

而或能激動起更多方面，更複雜的情感，和由這情感而形成更多方式的文字；一直造成了一大片豐富而且有力的創作的田壤、森林、江山……產生結結實實的我們這個時代特有的表情和文章；我們該不該誠懇地注意到這機會或能造出的事業，各人將各人的一點點心血獻出來嘗試？

假使，這裡又有了機會聯聚起許多人，為要介紹許多方面的文字，更進而研討文章的質的方面；或指出以往文章的歷程，或講究到各種文章上比較的問題，進而無形地講究到程度和標準等問題。我又敢相信，在這種景況下定會發生更嚴重鼓勵寫作的主動力。使創作界增加問題，或許。唯其是增加了問題，才助益到創造界的活潑和健康。文藝絕不是蓬勃叢生的野草。

我們可否直爽地承認一樁事？創作的鼓動時常要靠著刊物把它的成績布散出去吹風，晒太陽，和時代的讀者把晤的。被風吹冷了，太陽晒萎了，固常有的事。被讀者所歡迎，所冷淡，或誤會，或同情，歸根應該都是激動創造力的藥劑！

至於，一來就高舉趾，二來就氣餒的作者，每個時代都免不了有他們起落的蹤跡。這個與創作界主體的展動只成枝節問題。哪一個創作興旺的時代缺得了介紹散布作品的刊物，和那或能同情，或不了解的讀眾？

創作品是不能不與時代見面的，雖然作者的名姓，則並不一定。偉大作品沒有和本時代見面，而被他時代發現珍視的固

附錄二　林徽因散文選

然有,但也只是偶然例外的事。

希臘悲劇是在幾萬人前面唱演的,莎士比亞的戲更是街頭巷尾的粗人都看得到的。到有刊物時代的歐洲,更不用說,一首詩文出來人人爭買著看,就是在印刷艱難的時候,也是什麼「傳誦一時」,什麼「人手一抄」等⋯⋯

創作的主力固在心底,但逼迫著這只有時間性的情緒語言而留它在空間裡的,卻常是刊物這一類的鼓勵和努力所促成。

現走遍人間是能刺激起創作的主力。尤其在中國,這種日子,那一副眼睛看到了些什麼,舌頭底下不立刻緊急的想說話,乃至於歌泣!如果創作界仍然有點消沉寂寞的話 ── 努力的少,嘗試的稀罕 ── 那或是有別的緣故而使然。

我們問:能鼓勵創作界的活躍性的是些什麼?刊物是否可以救濟這消沉的?努力過刊物的誕生的人們,一定知道刊物又時常會因為別的複雜原因而夭折的。它常是極脆嫩的孩兒⋯⋯那麼有創作衝動的筆鋒,努力於刊物的手臂,此刻何不聯在一起,再來一次合作,逼著創造界又挺出一個新鮮的萌芽!管它將來能不能成田壤、成森林、成江山,一個萌芽是一個萌芽。

脆嫩?唯其是脆嫩,我們大家才更要來愛護它。

這時代是我們特有的,結果我們單有情感而沒有表現這情緒的藝術,眼看著後代人笑我們是黑暗時代的啞子,沒有藝術,沒有文章,乃至於懷疑到我們有沒有情感!

回頭再看到祖宗傳流下那神氣的衣缽，怎不覺得慚愧！說世亂，杜老頭子過的是什麼日子！辛稼軒當日的憤慨當使我們同情！……何必訴，訴不完。

　　難道現在我們這時代沒有形形色色的人物，喜劇悲劇般的人生作題？難道我們現時沒有美麗，沒有風雅，沒有醜陋、恐慌，沒有感慨，沒有希望？！難道連經這些天災戰禍，我們都不會描述，身受這許多刺骨的辱痛，我們都不會憤慨高歌迸出一縷滾沸的血流？！

　　難道我們真麻木了不成？難道我們這時代的語辭真貧窮得不能達意？難道我們這時代真沒有學問真沒有文章？！朋友們努力挺出一根活的萌芽來，記著這個時代是我們的。

山西通信

　　××××：

　　居然到了山西，天是透明的藍，白雲更流動得使人可以忘記很多的事，單單在一點什麼感情底下，打滴溜轉；更不用說到那山山水水，小堡壘，村落，反映著夕陽的一角廟，一座塔！景物是美得到處使人心慌心痛。

　　我是沒有出過門的，沒有動身之前不容易動，走出來之後卻就不知道如何流落才好。

附錄二　林徽因散文選

　　旬日來眼看去的都是圖畫，日子都是可以歌唱的古事。黑夜裡在山場裡看河南來到山西的匠人，圍住一個大紅爐子打鐵，火花和鏗鏘的聲響，散到四圍黑影裡去。微月中步行尋到田塍廢廟，劃一根「取燈」偷偷照看那瞭望觀音的臉，一片平靜。幾百年來，沒有動過感情的，在那一閃光底下，倒像掛上一縷笑意。

　　我們因為探訪古蹟走了許多路，在種種情形之下感慨到古今興廢。在草叢裡讀碑碣，在磚堆中間偶然碰到菩薩的一隻手一個微笑，都是可以激發起一些不平常的感覺來的。

　　鄉村的各種浪漫的位置，秀麗天真。中間人物維持著老老實實的鮮豔顏色，老的扶著枴杖，小的赤著胸背，沿路上點綴的，盡是他們明亮的眼睛和笑臉。

　　由北平城裡來的我們，東看看，西走走，夕陽背在背上，真和掉在另一個世界裡一樣！雲塊，天，和我們之間似乎失掉了一切障礙。我樂時就高興地笑，笑聲一直散到對河對山，說不定哪一個林子，哪一個村落裡去！我感覺到一種平坦，竟許是遼闊，和地面恰恰平行著舒展開來，感覺最邊沿的邊沿，和大地的邊沿，永遠賽著向前伸……

　　我不會說，說起來也只是一片瘋話，人家聽得不耐煩。讓我描寫一些實際情形，我又不大會，總而言之，遠地裡，一處田廟有人在工作，上面青的、黃的、紫的，分行地長著；每一

處山坡上,都有人在走路、放羊,迎著陽光,背著陽光,投射著轉動的光影;每一個小城,前面站著城樓,旁邊睡著小廟,那裡又托出一座石塔,神和人,都服帖地,滿足地,守著他們那一角天地,近地裡,則更有的是熱鬧,一條街裡站滿了人,孩子頭上梳著三個小辮子的,四個小辮子的,乃至於五六個小辮子的,衣服簡單到只剩一個紅兜肚,上面隱約也總有他嬤嬤挑的兩三朵花!

娘娘廟前面樹蔭底下,你又能阻止誰來看熱鬧?教書先生出來了,軍隊裡兵卒拉著馬過來了,幾個女人嬌羞地手拉著手,也扭著來站在一邊了,小孩子爭著擠,看我們照相,拉皮尺量平面,教書先生幫我們拓碑文。

說起來這個那個廟,都是年代久遠了,什麼時候蓋的,誰也說不清了!說話之人來得太多,我們工作實在發生困難了,可是我們大家都挺高興的,小孩子一邊抱著飯碗吃飯,一邊睜著大眼看,一點也不鬆懈。

我們走時總是一村子的人來送的,兒媳婦指著說給老婆婆聽,小孩們跑著還要跟上一段路。開柵鎮,小相村,大相村,哪一處不是一樣的熱鬧,看到北齊天保三年造像碑,我們不小心,漏出一個驚異的叫喊,他們鄉里彎著背的、老點兒的人,就也露出一個得意的微笑,知道他們村裡的寶貝,居然嚇著這古怪的來客了。

「年代多了吧?」他們驕傲地問。

附錄二　林徽因散文選

「多了多了！」我們高興地回答：「差不多一千四百年了。」

「呀，一千四百年！」我們便一起驕傲起來。

我們看看這裡金元重修的，那裡明季重修的殿宇，討論那式樣做法的特異處，塑像神氣，手續，天就漸漸黑下來，嘴裡覺得渴，肚裡覺得餓，才記起一天的日子圓圓整整地就快結束了。回來躺在床上，綺麗鮮明的印象仍然掛在眼睛前邊，引導著種種適意的夢，同時晚飯上所吃的菜蔬果子，便給養充實著我們明天的精力，直到一大顆太陽，紅紅地照在我們的臉上。

窗子以外

話從哪裡說起？等到你要說話，什麼話都是那樣渺茫地找不到個源頭。

此刻，就在我眼簾底下坐著的是四個鄉下人的背影；一個頭上包著黯黑的白布，兩個褪色的藍布，又一個光頭。他們支起膝蓋，半蹲半坐的，在溪沿的短牆上休息。每人手裡一件簡單的東西；一個是白木棒，一個籃子，那兩個在樹蔭底下我看不清楚。無疑地他們已經走了許多路，再過一刻，抽完一筒旱菸以後，是還要走許多路的。蘭花煙的香味頻頻隨著微風，襲到我這上來，模糊中還有幾段山西梆子的聲調，雖然他們坐的地方是在我廊子的鐵紗窗以外。

鐵紗窗以外，話可不就在這裡了。永遠是窗子以外，不是鐵紗窗就是玻璃窗，總而言之，窗子以外！

　　所有的活動的顏色、聲音、生的滋味，全在那裡的，你並不是不能看到，只不過是永遠地在你窗子以外罷了。多少百里的平原土地，多少區域的起伏的山巒，昨天由窗子外映進你的眼簾，那是多少生命日夜在活動著的所在；每一根青的什麼麥黍，都有人流過汗；每一粒黃的什麼米粟，都有人吃去；其間還有的是周折、是熱鬧、是緊張！可是你則並不一定能看見，因為那所有的周折、熱鬧、緊張，全都在你窗子以外展演著。

　　在家裡罷，你坐在書房裡，窗子以外的景物本就有限。那裡兩樹馬纓，幾棵丁香；榆葉梅橫出瘋杈的一大枝；海棠因為缺乏陽光，每年只開個兩三朵——葉子上滿是蟲蟻吃的創痕，還捲著一點焦黃的邊；廊子幽秀地開著扇子式，六邊形的格子窗，透過外院的日光，外院的雜音。什麼送煤的來了，偶然你看到一個兩個被煤炭染成黔黑的臉；什麼米送到了，一個人捐著一大口袋在背上，慢慢踱過屏門；還有自來水、電燈、電話公司來收帳的，胸口斜掛著皮口袋，手裡推著一輛腳踏車；更有時廚師來個朋友了，滿臉的笑容，「好呀，好呀！」地走進門房；什麼趙媽的丈夫來拿錢了，那是每月一號一點都不差的，早來了你就聽到兩個人唧唧噥噥爭吵的聲浪。那裡不是沒有顏色、聲音、生的一切活動，只是他們和你總隔個窗子——扇子式的、六邊形的、紗的、玻璃的！

附錄二　林徽因散文選

　　你氣悶了把筆一擱說，這叫做什麼生活！你站起來，穿上不能算太貴的鞋襪，但這雙鞋和襪的價錢也就比——想它做什麼？反正有人每月的薪資，一定只有這價錢的一半乃至於更少。你出去僱人力車了，拉車的嘴裡所討的價錢當然是要比例價高得多，難道你就傻子似地答應下來？不，不，三十二子，拉就拉，不拉，拉倒！心裡也明白，如果真要充內行，你就該說，二十六子，拉就拉——但是你好意思爭！

　　車開始輾動了，世界仍然在你窗子以外。長長的一條衚衕，一個個大門緊緊地關著。就是有開的，那也只是露出一角，隱約可以看到裡面有南瓜棚子，底下一個女的，坐在小凳上縫縫做做的；另一個，抓住還不能走路的小孩子，伸出頭來喊那過路賣白菜的。至於白菜是多少錢一斤，那你是聽不見了，車子早已拉得老遠，並且你也無需乎知道的。在你每月費用之中，伙食是一定占去若干的。在那一筆伙食費裡，白菜又是多麼小的一個數。難道你知道了門口賣的白菜多少錢一斤，你真把你哭喪著臉的廚師叫來申斥一頓，告訴他每一斤白菜他多開了你一個「大子兒」？

　　車越走越遠了，前面正碰著糞車，立刻你拿出手絹來，皺著眉，把鼻子蒙得緊緊的，心裡不知怨誰好。怨天做的事太古怪，好好的美麗的稻麥卻需要糞來澆！怨鄉下人太不怕臭，不怕髒，發明那麼兩個籃子，放在鼻前手車上，推著慢慢走！你怨市裡行政人員不認真辦事，如此髒臭不衛生的舊習不能改良，

十餘年來對這糞車難道真無辦法？為著強烈的臭氣隔著你窗子還不夠遠，因此你想到社會衛生事業如何還辦不好。

路漸漸好起來，前面牆高高的是個大衙門。這裡你簡直不止隔個窗子，這一帶高高的牆是不通風的。你不懂裡面有多少辦事員，辦的都是什麼事；多少濃眉大眼的，對著鄉下人做買賣的吆喝詐取；多少個又是臉黃黃的可憐蟲，混半碗飯分給一家子吃。自欺欺人，裡面天天演的到底是什麼把戲？但是如果裡面真有兩三個人拚了命在那裡奮鬥，為許多人爭一點便利和公道，你也無從知道！

到了熱鬧的大街了，你仍然像在特別包廂裡看戲一樣，本身不會，也不必參加那齣戲；倚在欄杆上，你在審美的領略，你有的是一片閒暇。但是如果這裡車伕問你在哪裡下來，你會吃一驚，倉卒不知所答。生活所最必需的你並不缺乏什麼，你這出來就也是不必需的活動。

偶一抬頭，看到街心和對街鋪子前面那些人，他們都是急急忙忙的，在時間金錢的限制下採辦他們生活所必需的。兩個女人手忙腳亂地在監督著店裡的夥計稱秤。二斤四兩，二斤四兩的什麼東西，且不必去管，反正由那兩個女人的認真的表情上面看去，必是非同小可，性命交關的貨物。並且如果稱得少一點時，那兩個女人為那點吃虧的分量必定感到重大的痛苦；如果稱得多時，那夥計又知道這年頭那損失在東家方面真不能算小。於是那兩邊的爭持是熱烈的，必需的，大家聲音都高一

附錄二　林徽因散文選

點；女人臉上呈塊紅色，頭髮披下了一縷，又用手抓上去；夥計則維持著客氣，口裡嚷著：錯不了，錯不了！

熱烈的，必需的，在車馬紛紜的街心裡，忽然由你車邊衝出來兩個人；男的，女的，各各提起兩腳快跑。這又是幹什麼的，你心想，電車正在拐大彎。那兩人原就追著電車，由軌道旁邊擦過去，一邊追著，一邊向電車上賣票的說話。電車是不容易趕的，你在人力車上真不禁替那街心裡奔走趕車的擔心。但是你也知道如果這趟沒趕上，他們就可以在街旁站個半點來鍾，那些寧可盼穿秋水不僱人力車的人，也就是因為他們的生活而必需計較和節省到人力車車和電車價錢上那相差的數目。

此刻洋車跑得很快，你心裡繼續著疑問你出來的目的，到底採辦一些什麼必需的貨物。眼看著男男女女擠在市場裡面，門首出來一個進去一個，手裡都是持著包包裹裹，裡邊雖然不會全是他們當日所必需的，但是如果當中夾著一盒稍微奢侈的物品，則亦必是他們生活中間閃著亮光的一個愉快！你不是聽見那人說麼？裡面草帽，一塊八毛五，貴倒貴點，可是「真不賴」！他提一提帽盒向著打招呼的朋友，他摸一摸他那剃得光整的腦袋，微笑充滿了他整個臉。那時那一點迸射著光閃的愉快，當然的歸屬於他享受，沒有一點疑問，因為天知道，這一年中他多少次地克己省儉，使他賺來這一次美滿的，大膽的奢侈！

那點子奢侈在那人身上所發生的喜悅，在你身上卻完全失掉作用，沒有閃一星星亮光的希望！你想，整年整月你所花費

的，和你那窗子以外的周圍生活程度一比較，嚴格算來，可不都是非常靡費的用途？每奢侈一次，你心上只有多難過一次，所以車子經過的那些玻璃視窗，只有使你更惶恐，更空洞，更懷疑，前後徬徨不著邊際。並且看了店裡那些形形色色的貨物，除非你真是傻子，難道不曉得它們多半是由哪一國工廠裡製造出來的！奢侈是不能給你愉快的，它只有要加增你的戒懼煩惱。每一尺好看點的紗料，每一件新鮮點的工藝品！

你詛咒著城市生活，不自然的城市生活！檢查行李說，走了，走了，這沉悶沒有生氣的生活，實在受不了，我要換個樣子過活去。

健康的旅行既可以看看山水古剎的名勝，又可以知道點內地純樸的人情風俗。走了，走了，天氣還不算太壞，就是走他一個月六禮拜也是值得的。

沒想到不管你走到哪裡，你永遠免不了坐在窗子以內的。不錯，許多時髦的學者常常驕傲地帶上「考察」的神氣，架上科學的眼鏡，偶然走到哪裡一個陌生的地方瞭望，但那無形中的窗子是仍然存在的。不信，你檢查他們的行李，有誰不帶著罐頭食品，帆布床，以及別的證明你還在你窗子以內的種種零星用品、你再摸一摸他們的皮包，那裡短不了有些鈔票；一到一個地方，你有的是一個提梁的小小世界。不管你的窗子朝向哪裡望，所看到的多半則仍是在你窗子以外，隔層玻璃，或是鐵紗！隱隱約約你看到一些顏色，聽到一些聲音，如果你私下滿

附錄二　林徽因散文選

　　足了,那也沒有什麼,只是千萬別高興起說什麼接觸了,認識了若干事物人情,天知道那是罪過!洋鬼子們的一些淺薄,千萬學不得。

　　你是仍然坐在窗子以內的,不是火車的窗子,汽車的窗子,就是客棧逆旅的窗子,再不然就是你自己無形中習慣的窗子,把你攔在裡面。接觸和認識實在談不到,得天獨厚的閒暇生活先不容你。一樣是旅行,如果你背上背的不是照相機而是一點做買賣的小血本,你就需要全副的精神來走路:你得留神投宿的地方;你得計算一路上每吃一次燒餅和幾顆沙果的錢;遇著同行的戰戰兢兢地打招呼,互相捧出誠意,遇著困難時好互相關照幫忙,到了一個地方你是真帶著整個血肉的身體到處碰運氣,緊張的境遇不容你不奮鬥,不與其他奮鬥的血和肉的接觸,直到經驗使得你認識。

　　前日公共汽車裡一列辛苦的臉,那些談話,裡面就有很多生活的分量。陝西過來做生意的老頭和那旁坐的一股客氣,是不得已的;由交城下車的客人執著紅粉包紙菸遞到汽車行管事手裡也是有多少理由的;穿棉背心的老太婆默默地挾住一個藍布包袱,一個錢包,是在用盡她的全副本領的,果然到了冀村,她錯過站頭,還虧別個客人替她要求車伕,將汽車退行兩裡路,她還不大相信地望著那村站,口裡嚕囌著這地方和上次如何兩樣了。開車的一面發牢騷一面爬到車頂替老太婆拿行李,經驗使得他有一種涵養,行旅中少不了有認不得路的老太太,

這個道理全世界是一樣的，倫敦警察之所以特別和藹，也是從迷路的老太太孩子們身上得來的。

話說了這許多，你仍然在廊子底下坐著，窗外送來溪流的喧響，蘭花煙氣味早已消失，四個鄉下人這時候當已到了上流「慶和義」磨坊前面。昨天那裡磨坊的夥計很好笑的滿臉掛著麵粉，讓你看著磨坊的構造；坊下的木輪，屋裡旋轉著的石碾，又在高低的院落裡，來回看你所不經見的農具在日影下列著。院中一棵老槐、一叢鮮豔的雜花、一條曲曲折折引水的溝渠，夥計和氣地說閒話。他用著山西口音，告訴你，那裡一年可出五千多包的麵粉，每包的價錢約略兩塊多錢。又說這十幾年來，這一帶因為山水忽然少了，磨坊關閉了多少家，外國人都把那些磨坊租去做他們避暑的別墅。慚愧的你說，你就是住在一個磨坊裡面，他臉上堆起微笑，讓麵粉一星星在日光下映著，說認得認得，原來你所租的磨坊主人，一個外國牧師，待這村子極和氣，鄉下人和他還都有好感情。

這真是難得了，並且好感的由來還有實證。就是那一天早上你無意中出去探古尋勝，這一省山明水秀，古刹寺院，動不動就是宋遼的原物，走到山上一個小村的關帝廟裡，看到一個鐵鐸，刻著萬曆年號，原來是萬曆賜這村裡慶成王的後人的，不知怎樣流落到賣古董的手裡。七年前讓這牧師買去，晚上打著玩，嘹亮的鐘聲被村人聽到，急忙趕來打聽，要湊原價買回，情辭懇切。說起這是他們呂姓的祖傳寶物，決不能讓它流落出

附錄二　林徽因散文選

　　境，這牧師於是真個把鐵鐸還了他們，從此便在關帝廟神前供著。

　　這樣一來你的窗子前面便展開了一張浪漫的圖畫，打動了你的好奇，管它是隔一層或兩層窗子，你也忍不住要打聽點底細，怎麼明慶成王的後人會姓呂！這下子文章便長了。

　　如果你的祖宗是皇帝的嫡親弟弟，你是不會，也不願，忘掉的。據說慶成王是永樂的弟弟，這趙莊村裡的人都是他的後代。不過就是因為他們記得太清楚了，另一朝的皇帝都有些老大不放心，雍正間詔命他們改姓，由姓朱改為姓呂，但是他們還有用二十字排行的方法，使得他們不會弄錯他們是這一脈子孫。

　　這樣一來你就有點心跳了，昨天你僱來那打水洗衣服的不也是趙莊村來的，並且還姓呂！果然那土頭土腦圓臉大眼的少年是個皇裔貴族，真是有失尊敬了。那麼這村子一定窮不了，但事實上則不見得。

　　田畝一片，年年收成也不壞。家家戶戶門口有特種圍牆，像個小小堡壘——當時防匪用的。屋子裡面有大漆衣櫃衣箱，櫃門上白銅擦得亮亮；炕上棉被紅紅綠綠也頗鮮豔。可是據說關帝廟裡已有四年沒有唱戲了，雖然戲臺還高巍巍地對著正殿。村子這幾年窮了，有一位王孫告訴你，唱戲太花錢，尤其是上邊使錢。這裡到底是隔個窗子，你不懂了，一樣年年好收成，為什麼這幾年村子窮了，只模模糊糊聽到什麼軍隊駐了三

年多等,更不懂是,村子向上一年辛苦後的娛樂,關帝廟裡唱唱戲,得上面使錢?既然隔個窗子聽不明白,你就通氣點別儘管問了。

隔著一個窗子你還想明白多少事?昨天僱來呂姓倒水,今天又學洋鬼子東逛西逛,跑到下面養有雞羊,上面掛有武魁匾額的人家,讓他們用你不懂得的鄉音招呼你吃菜,炕上坐,坐了半天出到門口,和那送客的女人周旋客氣了一回,才恍然大悟,她就是替你倒髒水洗衣裳的呂姓王孫的媽,前晚上還送餅到你家來過!這裡你迷糊了。算了算了!你簡直老老實實地坐在你窗子裡得了,窗子以外的事,你看了多少也是枉然,大半你是不明白,也不會明白的。

紀念志摩去世四週年

今天是你走脫這世界的四週年!朋友,我們這次拿什麼來紀念你?前兩次的用香花感傷地圍上你的照片,抑住嗓子底下嘆息和悲哽,朋友和朋友無聊地對望著,完成一種紀念的形式,儼然是愚蠢的失敗。因為那時那種近於傷感,而又不夠宗教莊嚴的舉動,除卻點明了你和我們中間的距離,生和死的間隔外,實在沒有別的成效;幾乎完全不能達到任何真實紀念的意義。

附錄二　林徽因散文選

　　去年今日我意外地由浙南路過你的家鄉，在昏沉的夜色裡我獨立火車門外，凝望著那幽暗的站臺，默默地回憶許多不相連續的過往殘片，直到生和死間居然幻成一片模糊，人生和火車似的蜿蜒一串疑問在蒼茫間奔馳。我想起你的：

　　火車擒住軌，在黑夜裡奔過山，過水，過……

　　如果那時候我的眼淚曾不自主地溢位睫外，我知道你定會原諒我的。你應當相信我不會向悲哀投降，什麼時候我都相信倔強的忠於生的，即使人生如你底下所說：

　　就憑那精窄的兩道，算是軌，馱著這份重，夢一般的累墜！

　　就在那時候我記得火車慢慢地由站臺拖出，一程一程地前進，我也隨著酸憎的詩意，那「車的呻吟」，「過荒野，過池塘，……過嚛口的村莊」。到了第二站——我的一半家鄉。

　　今年又輪到今天這一個日子！世界仍舊一團糟，多少地方是黑雲布滿著粗筋絡往理想的反面猛進，我並不在瞎說，當我寫：

　　信仰只一細炷香，

　　那點子亮再經不起西風

　　沙沙的隔著梧桐樹吹

　　朋友，你自己說，如果是你現在坐在我這位子上，迎著這一窗太陽：眼看著菊花影在牆上描畫作態；手臂下倚著兩疊今早的報紙；耳朵裡不時隱隱地聽著朝陽門外「打靶」的槍彈聲；

意識的，潛意識的，要明白這生和死的謎，你又該寫成怎樣一首詩來，紀念一個死別的朋友？

此時，我卻是完全地一個糊塗！習慣上我說，每椿事都像是造物的意旨，歸根都是運命，但我明知道每椿事都有我們自己的影子在裡面烙印著！我也知道每一個日子是多少機緣巧合湊攏來拼成的圖案，但我也疑問其間的擺布誰是主宰。據我看來：死是悲劇的一章，生則更是一場悲劇的主幹！我們這一群劇中的角色自身性格與性格矛盾；理智與情感兩不相容；理想與現實當面衝突，側面或反面激成悲哀。日子一天一天向前轉，昨日和昨日堆疊起來混成一片不可避脫的背景，做成我們周遭的牆壁或氣氳，那麼結實又那麼飄渺，使我們每一人站在每一天的每一個時候裡都是那麼主要，又是那麼渺小無能為！

此刻我幾乎找不出一句話來說，因為，真的，我只是個完全的糊塗；感到生和死一樣地不可解，不可懂。

但是我卻要告訴你，雖然四年了你脫離去我們這共同活動的世界，本身停掉參加牽引事體變遷的主力，可是誰也不能否認，你仍立在我們煙濤渺茫的背景裡，間接的是一種力量，尤其是在文藝創造的努力和信仰方面。間接的你任憑自然的音韻，顏色，不時的風輕月白，人的無定律的一切情感，悠斷悠續地仍然在我們中間繼續著生，仍然與我們共同交織著這生的糾紛，繼續著生的理想。你並不離我們太遠。你的身影永遠掛在這裡那裡，同你生前一樣地飄忽，愛在人家不經意時蒞止，帶來勇

附錄二　林徽因散文選

　　氣的笑聲也總是那麼嘹亮,還有,還有經過你熱情或焦心苦吟的那些詩,一首一首仍串著許多人的心旋轉。

　　說到你的詩,朋友,我正要正經地和你再說一些話。你不要不耐煩。這話遲早我們總要說清的。人說蓋棺論定,前者早已成了事實,這後者在這四年中,說來叫人難受,我還未曾讀到一篇中肯或誠實的論評,雖然對你的讚美和攻訐由你去世後一兩週間,就紛紛開始了。但是他們每人手裡拿的都不像純文藝的天平;有的喜歡你的為人,有的疑問你私人的道德;有的單單尊崇你詩中所表現的思想哲學,有的僅喜愛那些軟弱的細緻的句子;有的每發議論必須牽涉到你的個人生活之合乎規矩方圓,或斷言你是輕薄,或引證你是浮奢豪佟!朋友,我知道你從不介意過這些,許多人的淺陋老實或刻薄處你早就領略過一堆,你不止未曾生過氣,並且常常表現憐憫同原諒;你的心情永遠是那麼潔淨,頭老抬得那麼高,胸中老是那麼完整的誠摯,臂上老有那麼許多不折不撓的勇氣。但是現在的情形與以前卻稍稍不同,你自己既已不在這裡,做你朋友的,眼看著你被誤解,曲解,乃至於謾罵,有時真忍不住替你不平。

　　但你可別誤會我心眼兒窄,把不相干的看成重要,我也知道誤解曲解謾罵,都是不相干的,但是朋友,我們誰都需要有人了解我們的時候,真了解了我們,即使是痛下針砭,罵著了我們的弱處錯處,那整個的我們卻因而更增添了意義,一個作家文藝的總成績更需要一種就文論文,就藝術論藝術的和平判斷。

你在《猛虎集》「序」中說「世界上再沒有比寫詩更慘的事」，你卻並未說明為什麼寫詩是一樁慘事，現在讓我來個註腳好不好？我看一個人一生為著一個愚誠的傾向，把所感受到的複雜的情緒嘗味到的生活，放到自己的理想和信仰的鍋爐裡燒煉成幾句悠揚鏗鏘的語言（哪怕是幾聲小唱），來滿足他自己本能的藝術的衝動，這本來是個極尋常的事。哪一個地方哪一個時代，都不斷有這種人。輪著做這種人的多半是為著他情感來的比尋常人濃富敏銳，而為著這情感而發生的衝動更是非實際的——或不全是實際的——追求，而需要那種藝術的滿足而已。說起來寫詩的人的動機多麼簡單可憐，正是如你「序」裡所說「我們都是受支配的善良的生靈」！雖然有些詩人因為他們的成績特別高厚廣闊包括了多數人，或整個時代的藝術和思想的衝動，從此便在人間披上神祕的光圈，使「詩人」兩字無形中掛著崇高的色彩。這樣使一般努力於用韻文表現或描畫人在自然萬物相交錯時的情緒思想的，便被人的成見看作誇大狂的旗幟，需要同時代人的極冷酷的譏訕和不信任來撲滅它，以挽救人類的尊嚴和健康。

　　我承認寫詩是慘淡經營，孤立在人中掙扎的勾當，但是因為我知道太清楚了，你在這上面單純的信仰和誠懇的嘗試，為同業者奮鬥，衛護他們的情感的愚誠，稱揚他們藝術的創造，自己從未曾求過虛榮，我覺得你始終是很逍遙舒暢的。如你自己所說：「滿頭血水」，你「仍不曾低頭」，你自己相信「一點性

附錄二　林徽因散文選

靈還在那裡掙扎」,「還想在實際生活的重重壓迫下透出一些聲響來」。

簡單地說,朋友,你這寫詩的動機是坦白不由自主的,你寫詩的態度是誠實,勇敢,而倔強的。這在討論你詩的時候,誰都先得明瞭的。

至於你詩的技巧問題,藝術上的造詣,在這新詩仍在徬徨歧路的嘗試期間,誰也不能堅決地論斷。不過有一樁事我很想提醒現在討論新詩的人,新詩之由於無條件無形制廣泛到幾乎沒有一定的定義時代,轉入這討論外形內容,以至於音節韻腳章句意象組織等藝術技巧問題的時期,即是根據著對這方面努力嘗試過的那一些詩,你的頭兩個詩集子就是供給這些討論見解最多材料的根據。外國的土話說「馬總得放在馬車的前面」,不是?沒有一些嘗試的成績放在那裡,理論家是不能老在那裡發一堆空頭支票的,不是?

你自己一向不止在那裡倔強地嘗試用功,你還會用盡你所有活潑的熱心鼓勵別人嘗試,鼓勵「時代」起來嘗試——這種工作是最犯風頭嫌疑的,也只有你膽子大頭皮硬頂得下來!我還記得你要印詩集子時,我替你捏一把汗,老實說還替你在有文采的老前輩中間難為情過,我也記得我初聽到人家找你辦「晨副」時我的焦急,但你居然板起個臉抓起兩把鼓槌子為文藝吹打開路乃至於掃地,鋪鮮花,不顧舊勢力的非難,新勢力的懷疑,你幹你的事「事在人為,做了再說」那股子勁,以後別處也

還很少見。

　　現在你走了,這些事漸漸在人的記憶中模糊下來,你的詩和文章也散漫在各小本集子裡,壓在有極新鮮的封皮的新書後面,誰說起你來,不是馬馬糊糊地承認你是過去中一個勢力,就是拿能夠挑剔看輕你的詩為本事(散文人家很少提到,或許「散文家」沒有詩人那麼光榮,不值得注意),朋友,這是沒法子的事,我卻一點不為此灰心,因為我有我的信仰。

　　我認為我們這寫詩的動機既如前面所說那麼簡單愚誠;因在某一時,或某一刻敏銳地接觸到生活上的鋒芒,或偶然地觸遇到理想峰巔上雲彩星霞,不由得不在我們所習慣的語言中,編綴出一兩串近於音樂的句子來,慰藉自己,解放自己,去追求超實際的真美,讀詩者的反應一定有一大半也和我們這寫詩的一樣誠實天真,僅想在我們句子中間由音樂性的愉悅,接觸到一些生活的底蘊,滲合著美麗的憧憬;把我們的情緒給他們的情緒搭起一座浮橋;把我們的靈感,給他們生活添些新鮮;把我們的痛苦傷心再揉成他們自己憂鬱的安慰!

　　我們的作品會不會再長存下去,就看它們會不會活在那一些我們從不認識的人,我們作品的讀者,散在各時、各處互相不認識的孤單的人的心裡的,這種事它自己有自己的定律,並不需要我們的關心的。你的詩據我所知道的,它們仍舊在這裡浮沉流落,你的影子也就濃淡參差地繫在那些詩句中,另一端印在許多不相識人的心裡。朋友,你不要過於看輕這種間接的生存,

附錄二　林徽因散文選

　　許多熱情的人他們會為著你的存在，而加增了生的意識的。傷心的僅是那些你最親熱的朋友們和同興趣的努力者，你不在他們中間的事實，將要永遠是個不能填補的空虛。

　　你走後大家就提議要為你設立一個「志摩獎金」來繼續你鼓勵人家努力詩文的素志，勉強象徵你那種對於文藝創造擁護的熱心，使不及認得你的青年人永遠對你保存著親熱。如果這事你不覺到太寒傖不夠熱氣，我希望你原諒你這些朋友們的苦心，在冥冥之中笑著給我們勇氣來做這一些蠢誠的事吧。

蛛絲和梅花

　　真真的就是那麼兩根蛛絲，由門框邊輕輕地牽到一枝梅花上。就是那麼兩根細絲，迎著太陽光發亮……再多了，那還像樣嗎？一個摩登家庭如何能容蛛網在光天白日裡作怪，管它有多美麗、多玄妙、多細緻，夠你對著它聯想到一切自然，造物的神工和不可思議處；這兩根絲本來就該使人臉紅，且在冬天夠多特別！可是亮亮的、細細的，倒有點像銀，也有點像玻璃制的細絲，委實不算討厭，尤其是它們那麼瀟脫風雅，偏偏那樣有意無意地斜著搭在梅花的枝椏上。

　　你向著那絲看，冬天的太陽照滿了屋內，窗明几淨，每朵含苞的，開透的，半開的梅花在那裡挺秀吐香，情緒不禁迷

茫飄渺地充溢心胸,在那剎那的時間中振盪。同蛛絲一樣的細弱,和不必需,思想開始拋引出去:由過去牽到將來,意識的,非意識的,由門框梅花牽出宇宙,浮雲滄波蹤跡不定。是人性、藝術、還是哲學,你也無暇計較,你不能制止你情緒的充溢,思想的馳騁,蛛絲梅花竟然是瞬息可以千里!

好比你是蜘蛛,你的周圍也有你自織的蛛網,細緻地牽引著天地,不怕多少次風雨來吹斷它,你不會停止了這生命上基本的活動。此刻「……一枝斜好,幽香不知甚處,……」

拿梅花來說吧,一串串丹紅的結蕊綴在秀勁的傲骨上,最可愛、最可賞,等半綻將開地錯落在老枝上時,你便會心跳!梅花最怕開,開了便沒話說。索性殘了,沁香拂散同夜裡爐火都能成了一種溫存的悽清。

記起了,也就是說到梅花,玉蘭。初是有個朋友說起初戀時玉蘭剛開完,天氣每天地暖,住在湖旁,每夜跑到湖邊林子裡走路,又靜坐幽僻石上看隔岸燈火,感到好像僅有如此虔誠地孤對一片泓碧寒星遠市,才能把心裡情緒抓緊了,放在最可靠最純淨的一撮思想裡,始不至褻瀆了或是驚著那「寤寐思服」的人兒。那是極年輕的男子初戀的情景,—— 對象渺茫高遠,反而近求「自我的」鬱結深淺 —— 他問起少女的情緒。

就在這裡,忽記起梅花。一枝兩枝,老枝細枝,橫著,虯著,描著影子,噴著細香;太陽淡淡金色地鋪在地板上;四壁

附錄二　林徽因散文選

琳瑯，書架上的書和書籤都像在發出言語；牆上小對聯記不得是誰的集句；中條是東坡的詩。你斂住氣，簡直不敢喘息，踮著腳，細小的身形嵌在書房中間，看殘照當窗，花影搖曳，你像失落了什麼，有點迷惘。又像「怪東風著意相尋」，有點兒沒主意！浪漫，極端的浪漫。「飛花滿地誰為掃？」你問，情緒風似的吹動，捲過，停留在惜花上面。再回頭看看，花依舊嫣然不語。「如此娉婷，誰人解看花意。」你更沉默，幾乎熱情地感到花的寂寞，開始憐花，把同情通通詩意地交給了花心！

這不是初戀，是未戀，正自覺「解看花意」的時代。情緒的不同，不止是男子和女子有分別，東方和西方也甚有差異。情緒即使根本相同，情緒的象徵，情緒所寄託，所棲止的事物卻常常不同。水和星子和西方情緒的聯繫，早就成了習慣。一顆星子在藍天裡閃，一流冷澗傾洩一片幽愁的平靜，便激起他們詩情的波湧，心裡甜蜜的，熱情的便唱著由那些鵝羽的筆鋒散下來的「她的眼如同星子在暮天裡閃」，或是「明麗如同單獨的那顆星，照著晚來的天」，或「多少次了，在一流碧水旁邊，憂愁倚下她低垂的臉」。

惜花，解花太東方，親暱自然，含著人性的細緻是東方傳統的情緒。

此外年齡還有尺寸，一樣是愁，卻躍躍似喜，十六歲時的，微風零亂，不頹廢，不空虛，踮著理想的腳充滿希望，東方和西方卻一樣。人老了脈脈煙雨，愁吟或牢騷多折損詩的活潑。

大家如香山、稼軒、東坡、放翁的白髮華髮，很少不梗在詩裡，至少是令人不快。話說遠了，剛說是惜花，東方老少都免不了這嗜好，這倒不論老的雪鬢曳杖，深閨裡也就攢眉千度。

最叫人惜的花是海棠一類的「春紅」，那樣嬌嫩明豔，開過了殘紅滿地，太招惹同情和傷感。但在西方即使也有我們同樣的花，也還缺乏我們的廊廡庭院。有了「庭院深深深幾許」才有一種庭院裡特有的情緒。如果李易安的「斜風細雨」底下不是「重門須閉」也就不「蕭條」得那樣深沉可愛，李後主的「終日誰來」也一樣地別有寂寞滋味。看花更須庭院，深深鎖在裡面認識，不時還得有軒窗欄杆，給你一點憑藉，雖然也用不著十二欄杆倚遍，那麼慵弱無聊。

當然舊詩裡傷愁太多；一首詩竟像一張美的證券，可以照著市價去兌現！所以庭花，亂紅，黃昏，寂寞太濫，詩常失卻誠實。西洋詩，戀愛總站在前頭，或是「忘掉」，或是「記起」，月是為愛，花也是為愛，只使全是真情，也未嘗不太膩味。就以兩邊好的來講。拿他們的月光跟我們的月色比，似乎是月色滋味深長得多。花更不用說了；我們的花「不是預備採下綴成花球，或花冠獻給戀人的」，卻是一樹一樹綽約的，個性的，自己立在情人的地位上接受戀歌的。所以未戀時的對象最自然的是花，不是因為花而起的感慨。——

十六歲時無所謂感慨——僅是剛說過的自覺解花的情緒，寄託在那清麗無語的上邊，你心折它絕韻孤高，你為花動了感

237

附錄二　林徽因散文選

情，實說你和同花戀愛，也未嘗不可——那驚訝狂喜也不減於初戀。還有那凝望，那沉思……

一根蛛絲！記憶也同一根蛛絲一樣，搭在梅花上就由梅花枝上牽引出去，雖未織成密網，這詩意的前後，也就是相隔十幾年的情緒的聯繫。

午後的陽光仍然斜照，庭院闃然，離離疏影，房裡窗櫺和梅花依然伴和成為圖案，兩根蛛絲在冬天還可算為奇蹟，你望著它看，真有點像銀，也有點像玻璃，偏偏那麼斜掛在梅花的枝梢上。

二十五年新年漫記

彼此

朋友又見面了，點點頭笑笑，彼此曉得這一年不比往年，彼此是同增了許多經驗。個別地說，這時間中每一人的經歷雖都有特殊的形相，含著特殊的滋味，需要個別的情緒來分析來描述。

綜合地說，這許多經驗卻是一整片彷彿同式同色、同大小、同分量的迷惘。你觸著那一角，我碰上這一頭，歸根還是那一片迷惘籠罩著彼此。七月！——這兩字就如同史歌的開頭那麼有勁——八月，九月帶來了那狂風，後來。後來過了年，——那

無法忘記的除夕！──又是那一月，二月，三月，到了七月，再接再厲地又到了年夜。現在又是一月二月在開始……誰記得最清楚，這串日子是怎樣地延續下來，生活如何地變？想來彼此都不會記得過分清晰，一切都似乎在迷離中旋轉，但誰又會忘掉那麼切膚的重重憂患的網膜？

　　經過炮火或流浪的洗禮，變換又變換的日月，難道彼此臉上沒有一點記載這經驗的痕跡？但是當整一片國土縱橫著創痕，大家都是「離散而相失……去故鄉而就遠」，自然「心嬋媛而傷懷兮，眇不知其蹠」，臉上所刻那幾道並不使彼此驚訝，所以還只是笑笑好。口角邊常添幾道酸甜的紋路，可以幫助彼此咀嚼生活。何不預設這一點：在迷惘中人最應該有笑，這種的笑，雖然是斂住神經，斂住肌肉，僅是毅力的後背，它卻是必需的，如同保護色對於許多生物，是必需的一樣。

　　那一晚在××江心，某一來船的甲板上，熱臭的人叢中，他記起他那時的困頓飢渴和狼狽，旋繞他頭上的卻是那真實倒如同幻象，幻象又成了真實的狂敵殺人的工具，敏捷而近代型的飛機：美麗得像魚像鳥……這裡黯然的一掬笑是必需的，因為同樣的另外一個人懂得那原始的驟然喚起純筋肉反射作用的恐怖。他也正在想那時他在××車站臺上露宿，天上有月，左右有人，零落如同被風雨摧落後的落葉，瑟索地蜷伏著，他們心裡都在回味那一天他們所初次嘗到的敵機的轟炸！談話就可以這樣無限制地延長，因為現在都是這樣的記憶，──比這樣

附錄二　林徽因散文選

更辛辣苦楚的——在各人心裡真是太多了！隨便提起一個地名大家所熟悉的都會或商埠，隨著全會湧起怎樣的一個最後印象！

再說初入一個陌生城市的一天，——這經驗現在又多普遍——尤其是在夜間，這裡就把個別的情形和感觸除外，在大家心底曾留下的還不是一劑彼此都熟識的清涼散？苦裡帶澀，那滋味侵入脾胃時，小小的冷噤會輕輕在背脊上爬過，用不著絲毫銳性的感傷！也許他可以說他在那夜進入某某城內時，看到一列小店門前悽惶的燈，黃黃的發出奇異的暈光，使他嗓子裡如梗著刺，感到一種發緊的觸覺。你能所記得的卻是某一號車站後面黯白的煤汽燈射到陌生的街心裡，使你心裡好像失落了什麼。

那陌生的城市，在地圖上指出時，你所經過的和他所經過的也可以有極大的距離，你和他當時的情形也可以完全地不相同。但是在這裡，個別的異同似乎非常之不相干；相干的僅是你我會彼此點頭，彼此會意，於是也會彼此地笑笑。

七月在蘆溝橋與敵人開火以後，縱橫中國土地上的腳印密密地銜接起來，更加增了中國地域廣漠的證據。每個人參加過這廣漠地面上流轉的大韻律的，對於塵土和血，兩件在尋常不多為人所理會的，極尋常的天然質素，現在每人在他個別的角上，對它們都發生了莫大親切的認識。每一寸土，每一滴血，這種話，已是可接觸、可把持的十分真實的事物，不僅是一句話一個「概念」而已。

在前線的前線,興奮和疲勞已摻拌著塵土和血另成一種生活的形體魂魄。睡與醒中間、飢與食中間、生和死中間,距離短得幾乎不存在!生活只是一股力,死亡一片沉默的恨,事情簡單得無可再簡單。尚在生存著的,繼續著是力,死去的也繼續著堆積成更大的恨。恨又生力,力又變恨,惘惘地卻勇敢地循環著,其他一切則全是懸在這兩者中間悲壯熱烈地穿插。

在後方,事情卻沒有如此簡單,生活仍然緩弛地伸縮著;食宿生死間距離恰像黃昏長影,長長的,盡向前引伸,像要撲入夜色,和夜溶成一片模糊。在日夜廣泛的循迴裡於是穿插反更多了,真是天地無窮,人生長勤。生之穿插零亂而瑣屑,完全無特殊的色澤或輪廓,更不必說英雄氣息壯烈成分。斑斑點點僅像小血鏽凝在生活上,在你最不經意中烙印生活。如果你有志不讓生活在小處窳敗,逐漸減損,由銳而鈍,由張而弛,你就得更感謝那許多極平常而瑣碎的摩擦,無日無夜地透過你的神經、肌肉或意識。這種時候,嘆息是懸起了,因一切雖然細小,卻絕非從前所熟識的感傷。每件經驗都有它粗壯的真實,沒有嘆息的餘地。口邊那酸甜的紋路是實際哀樂所刻劃而成,是一種堅忍韌性的笑。因為生活既不是簡單的火焰時,它本身是很沉重,需要韌性地支持,需要產生這韌性支持的力量。

現在後方的問題,是這種力量的泉源在哪裡。絕不憑著平日均衡的理智,──那是不夠的,天知道!尤其是在這時候,情感就在皮膚底下「踴躍其若湯」,似乎它所需要的是超理智的衝

附錄二　林徽因散文選

動！現在後方被緩的生活，緊的情感，兩面摩擦得愁鬱無快，居戚戚而不可解，每個人都可以苦惱而又熱情地唱「終長夜之曼曼兮，掩此哀而不去」，或「寧溘死而流亡兮，不忍為此之常愁！」。支持這日子的主力在哪裡呢？你我生死，就不檢討它的意義以自大。也還需要一點結實的憑藉才好。

我認得有個人，很尋常地過著國難日子的尋常人，寫信給他朋友說，他的嗓子雖然總是那麼乾啞，他卻要啞著嗓子私下告訴他的朋友：他感到無論如何在這時候，他為這可愛的老國家帶著血活著，或流著血或不流著血死去，他都覺到榮耀，異於尋常的，他現在對於生與死都必然感到滿足。這話或許可以在許多心弦上叩起迴響，我常思索這簡單樸實的情感是從哪裡來的。信念？像一道泉流透過意識，我開始明瞭理智和熱血的衝動以外，還有個純真的力量的出處。信心產生力量，又可儲蓄力量。

信仰坐在我們中間多少時候了，你我可曾覺察到？信仰所給予我們的力量不也正是那堅忍韌性的倔強？我們都相信，我們只要都為它忠貞地活著或死去，我們的大國家自會永遠地向前邁進，由一個時代到又一個時代。我們在這生是如此艱難，死是這樣容易的時候，彼此仍會微笑點頭的緣故也就在這裡吧？現在生活既這樣的彼此患難同味，這信心自是我們此時最主要的聯繫，不信你問他為什麼仍這樣硬朗地活著，他的回答自然也是你的回答，如果他也問你。

信仰坐在我們中間多少時候了？那理智熱情都不能代替的信心！思索時許多事，在思流的過程中，總是那麼晦澀，明瞭時自己都好笑所想到的是那麼簡單明顯的事實！此時我拭下額汗，差不多可以意識到自己口邊的紋路，我尊重著那酸甜的笑，因為我明白起來，它是力量。

　　話不用再說了，現在一切都是這麼彼此，這麼共同，個別的情緒這麼不相干。當前的艱苦不是個別的，而是普遍的，充滿整一個民族，整一個時代！我們今天所叫做生活的，過後它便是歷史。客觀上無疑我們彼此所熟識的艱苦正在展開一個大時代。所以別忽略了我們現在彼此地點點頭。且最好讓我們共同酸甜的笑紋，有力地，堅韌地，橫過歷史。

一片陽光

　　放了假，春初的日子鬆弛下來。將午未午時候的陽光，澄黃的一片，由窗櫺橫浸到室內，晶瑩地四處射。我有點發怔，習慣地在沉寂中驚訝我的周圍。我望著太陽那湛明的體質，像要辨別它那交織絢爛的色澤，追逐它那不著痕跡的流動。看它潔淨地映到書桌上時，我感到桌面上平鋪著一種恬靜，一種精神上的豪興，情趣上的閒逸；即或所謂「窗明几淨」，那裡默守著神祕的期待，漾開詩的氣氛。那種靜，在靜裡似可聽到那一處

附錄二　林徽因散文選

　　琤琮的泉流,和著彷彿是繼續的琴聲,低訴著一個幽獨者自娛的音調。看到這同一片陽光射到地上時,我感到地面上花影浮動,暗香吹拂左右,人隨著晌午的光靄花氣在變幻,那種動,柔諧婉轉有如無聲音樂,令人悠然輕快,不自覺地脫落傷愁。至多,在舒揚理智的客觀裡使我偶一回頭,看看過去幼年記憶步履所留的殘跡,有點兒惋惜時間;微微怪時間不能保存情緒,保存那一切情緒所曾流連的境界。倚在軟椅上不但奢侈,也許更是一種過失,有閒的過失。但東坡的辯護「懶者常似靜,靜豈懶者徒」,不是沒有道理。如果此刻不倚榻上而「靜」,則方才情緒所兜的小小圈子便無條件地失落了去!人家就不可惜它,自己卻實在不能不感到這種親密的損失的可哀。

　　就說它是情緒上的小小旅行吧,不走並無不可,不過走走未始不是更好。歸根說,我們活在這世上到底最珍惜一些什麼?果真珍惜萬物之靈的人的活動所產生的種種,所謂人類文化?這人類文化到底又靠一些什麼?我們懷疑或許就是人身上那一撮精神同機體的感覺,生理心理所共起的情感,所激發出的一序列為,所聚斂的一點智慧,——那麼一點點人之所以為人的表現。宇宙萬物客觀的本無所可珍惜,反映在人性上的山川草木禽獸才開始有了秀麗,有了氣質,有了靈犀。反映在人性上的人自己更不用說。沒有人的感覺,人的情感,即便有自然,也就沒有自然的美,質或神方面更無所謂人的智慧,人的創造,人的一切生活藝術的表現!這樣說來,誰該鄙棄自己感覺

上的小小旅行？為壯壯自己膽子，我們更該相信唯其人類有這類情緒的馳騁，實際的世間才賡續著產生我們精神所寄託的文物精萃。

此刻我竟可以微微一咳嗽，乃至於用播音的圓潤口調說：我們既然無疑地珍惜文化，即尊重盤古到今種種的藝術——無論是抽象的思想的藝術，或是具體的駕馭天然材料另創的非天然形象，——則對於藝術所由來的淵源，那點點人的感覺，人的情感智慧（通稱人的情緒的），又當如何地珍惜才算合理？

但是情緒的馳騁，顯然不是詩或畫或任何其他藝術建造的完成。這馳騁此刻雖占了自己生活的若干時間，卻並不在空間裡占任何一個小小位置！這個情形自己需完全明瞭。此刻它僅是一種無蹤跡的流動，並無棲身的形體。它或含有各種或可捉摸的質素，但是好奇地探討這個質素而具體要表現它的差事，無論其有無意義，除卻本人外，別人是無能為力的。我此刻為著一片清婉可喜的陽光，分明自己在對內心交流變化的各種聯想發生一種興趣的注意，換句話說，這好奇與興趣的注意已是我此刻生活的活動。一種力量又迫著我來把握住這個活動，而設法表現它，這不易抑制的衝動，或即所謂藝術衝動也未可知！只記得冷靜的杜工部散散步，看看花，也不免會有「江上被花惱不徹，無處告訴只顛狂」的情緒上一片紊亂！玲瓏煦暖的陽光照人面前，那美的感人力量就不減於花，不容我生硬地自己把情緒分割為有閒與實際的兩種，而權其輕重，然後再決定取

附錄二　林徽因散文選

捨的。我也只有情緒上的一片紊亂。

　　情緒的旅行本偶然的事，今天一開頭並為著這片春初晌午的陽光，現在也還是為著它。房間內有兩種豪侈的光常叫我的心緒緊張如同花開，趁著感覺的微風，深淺零亂於冷智的枝葉中間。一種是燭光，高高的臺座，長垂的燭淚，熊熊紅焰當簾幕四下時各處光影掩映。那種閃爍明豔，雅有古意，明明是畫中景象，卻含有更多詩的成分。另一種便是這初春晌午的陽光，到時候有意無意地大片子灑落滿室，那些窗櫺欄板几案筆硯浴在光靄中，一時全成了靜物圖案；再有紅蕊細枝點綴幾處，室內更是輕香浮溢，叫人俯仰全觸到一種靈性。

　　這種說法怕有點會發生誤會，我並不說這片陽光射入室內，需要筆硯花香那些儒雅的托襯才能動人，我的意思倒是：室內頂尋常的一些供設，只要一片陽光這樣又幽嫻又灑脫地落在上面，一切都會帶上另一種動人的氣息。

　　這裡要說到我最初認識的一片陽光。那年我六歲，記得是剛剛出了水珠以後——水珠即尋常水痘，不過我家鄉的話叫它作水珠。當時我很喜歡那美麗的名字，忘卻它是一種病，因而也覺到一種神祕的驕傲。只要人過我視窗問問出「水珠」嗎？我就感到一種榮耀。那個感覺至今還印在腦子裡。也為這個緣故，我還記得病中奢侈的愉悅心境。雖然同其他多次的害病一樣，那次我仍然是孤獨地被囚禁在一間房屋裡休養的。那是我們老宅子裡最後的一進房子；白粉牆圍著小小院子，北面一排

三間,當中夾著一個開敞的廳堂。我病在東頭娘的臥室裡。西頭是嬸嬸的住房。娘和嬸永遠要在祖母的前院裡行使她們女人們的職務的,於是我常是這三間房屋唯一留守的主人。

在那三間屋子裡病著,那經驗是難堪的。時間過得特別慢,尤其是在日中毫無睡意的時候。起初,我僅集注我的聽覺在各種似腳步,又不似腳步的上面。猜想著,等候著,希望著人來。間或聽聽隔牆各種瑣碎的聲音,由牆基底下傳達出來又消斂了去。過一會兒,我就不耐煩了——不記得是怎樣的,我就趿著鞋,捱著木床走到房門邊。房門向著廳堂斜斜地開著一扇,我便扶著門框好奇地向外探望。

那時大概剛是午後兩點鐘光景,一張剛開過飯的八仙桌,異常寂寞地立在當中。桌下一片由廳口處射進來的陽光,洩洩融融地倒在那裡。一個絕對悄寂的周圍伴著這一片無聲的金色的晶瑩,不知為什麼,忽使我六歲孩子的心裡起了一次極不平常的振盪。

那裡並沒有几案花香,美術的布置,只是一張極尋常的八仙桌。如果我的記憶沒有錯,那上面在不多時間以前,是剛陳列過鹹魚、醬菜一類極尋常儉樸的午餐的。小孩子的心卻呆了。或許兩隻眼睛倒張大一點,四處地望,似乎在尋覓一個問題的答案。為什麼那片陽光美得那樣動人?我記得我爬到房內窗前的桌子上坐著,有意無意地望望窗外,院裡粉牆疏影和同室內那片金色和煦絕然不同趣味。順便我翻開手邊娘梳妝用的

附錄二　林徽因散文選

舊式鏡箱，又上下搖動那小排狀抽屜，同那刻成花籃形的小銅墜子，不時聽雀躍過枝清脆的鳥語。心裡卻仍為那片陽光隱著一片模糊的疑問。

時間經過二十多年，直到今天，又是這樣一洩陽光，一片不可捉摸，不可思議流動的而又恬靜的瑰寶，我才明白我那問題是永遠沒有答案的。事實上僅是如此：一張孤獨的桌，一角寂寞的廳堂。一隻靈巧的鏡箱，或窗外斷續的鳥語，和水珠──那美麗小孩子的病名──便湊巧永遠同初春靜沉的陽光整整復斜斜地成了我回憶中極自然的聯想。

國家圖書館出版品預行編目資料

一代才女林徽因，生命與靈魂之歌：詩人 × 畫家 × 教授 × 建築師⋯⋯林徽因以筆繪製夢想，以才成就人生 / 趙一 著 . -- 第一版 . -- 臺北市：崧燁文化事業有限公司 , 2024.12
面；　公分
POD 版
ISBN 978-626-416-190-9(平裝)
1.CST: 林徽因 2.CST: 傳記
782.886　　　　　　　　　　113018795

一代才女林徽因，生命與靈魂之歌：詩人 × 畫家 × 教授 × 建築師⋯⋯林徽因以筆繪製夢想，以才成就人生

作　　　者：趙一
責任編輯：高惠娟
發　行　人：黃振庭
出　版　者：崧燁文化事業有限公司
發　行　者：崧燁文化事業有限公司
E - m a i l：sonbookservice@gmail.com
粉　絲　頁：https://www.facebook.com/sonbookss/
網　　　址：https://sonbook.net/
地　　　址：台北市中正區重慶南路一段 61 號 8 樓
8F., No.61, Sec. 1, Chongqing S. Rd., Zhongzheng Dist., Taipei City 100, Taiwan
電　　　話：(02) 2370-3310　　傳　　真：(02) 2388-1990
印　　　刷：京峯數位服務有限公司
律師顧問：廣華律師事務所 張珮琦律師

-版權聲明-

本書版權為樂律文化所有授權崧燁文化事業有限公司獨家發行電子書及紙本書。若有其他相關權利及授權需求請與本公司聯繫。

未經書面許可，不可複製、發行。

定　　價：375 元
發行日期：2024 年 12 月第一版
◎本書以 POD 印製
Design Assets from Freepik.com